ホスピタリティ・マーケティング

佐々木　茂・徳江順一郎・羽田　利久［編著］

青山　容子・浅倉　　泉・岩崎比奈子・小倉　朋子
河田　浩昭・木本　和男・崎本　武志・杉浦　康広［著］
田上　　衛・安川あかね・山浦ひなの

創成社

目　次

第 1 章

マーケティング論の歴史と概略

1 マーケティングの概略

(1) はじめに

マーケティング論の嚆矢とされるA. W. ショー (1951) によれば,「需要創造と物的供給にとって, どの機関又はどの諸機能の組み合わせがもっとも効率的かという問題に直面している」と指摘した。彼は, 製造業の立場からこうした視点を論じているが, 初版が出版された時代 (1915年) は, 生産と消費が経済学の議論の中心とされた中で, 早くも実務家の立場から, 生産と消費の中間に位置する流通機能の重要性に気づき, さらには, 消費者が手にしたことのない商品やサービスに対する需要は, 新たに創り出されるものであるという, きわめて現代のマーケティングの意義に相応しい問題意識を有していた。

彼は, 企業活動を生産・流通・助成 (管理) に3分割し, とりわけ流通活動において, 現代マーケティングの原型ともいえる需要創造活動, 物的供給を論じている (Shaw (1920) より)。また, 需要創造の中で業務活動としての商品のアイディア, 中間商人, 販売員, 広告, 市場分析, 価格, 諸機能の組み合わせに分類した (Shaw, 同上書)。

つまり, 後のアメリカ・マーケティング協会によるマーケティングの定義の基本ともいえる, AMAの1985年の定義では, マーケティングとは「個人と組織の目標を満たす交換を生み出すために, アイディア, 商品, サービスの構想, 価格設定, プロモーション, 流通を計画し, 実行するプロセス」と定義されている (Benett (1988) より)。

さらに, 流通システムが体系化されていないために, 消費者の需要の変化に的確に対応できなかったり, 取引が煩雑で流通に無駄なコストが生じているために消費者が余分なコストを負担させられたり, 広告費が浪費されたりといった, マーケティングに関わる社会的な課題も指摘している (Shaw (1951))。

この社会的な視点は, 現代のマーケティングの定義にも反映されるようになった。「マーケティングとは, 顧客, 取引先, パートナー, 社会全体にとって価値のある提供物を創造し, 伝達し, 提供し, 交換するための活動, 一連の制度，プロセスである」(Gundlach et al.（2009）より)。

本章では，マーケティング論の変遷を，需要の創造，流通システムの形成，そして社会的な視点から見ていくことにしたい。

なお，本章は，Bowie, et al.（2017）を参考にまとめた。

（2）マーケティングの概略

①　総合的な視点

マーケティングは，担当者だけでなく，組織のすべての部門で共有すべき「顧客志向」の理念に基づいた経営の取り組み方を指している。そして，マーケティングを通じて組織全体を統括しようとするものである。

マーケティングは，顧客需要に刺激を与え，需要を管理する。したがって，マーケティング担当者には，「需要の水準，タイミングと構成内容を管理するスキル」が問われる（Kotler（1999）より)。

マーケティングは，創造性と革新性を駆使して消費者の想像力を刺激して，消費者の購買意図を喚起し，最終的な需要に結びつけるという意味では技術である。一方で，「マーケティング・ミックス」として知られる需要管理手法を用いるために，データと顧客インサイトを利用するという点では科学でもある。

②　取引マーケティングと関係性マーケティング

マーケティング担当者は，さまざまな需要管理への対応が必要な状況で仕事を進めている。例えば，新製品を発売するたびに新たなマーケティング戦略を構築し実施することが求められたかと思うと，多くの取引を行う顧客とは長期的な関係性を構築することが求められることもある。これらはそれぞれ，取引（transactional）マーケティングと関係性（relationship）マーケティングとして知られている。

取引マーケティングは，毎回，新規顧客を求めてサービスを提供するようなホスピタリティ・ビジネスを指している。例えば，地元資本の飲食業や宿泊業者が，リピーターになる可能性の低い利用者を対象にしているような場合である。

関係性マーケティングは，長期にわたって顧客と取引を繰り返すビジネスを意味している。関係性マーケティングの取り組み方は，供給側と顧客との間に相互に有益な長期的関係の形成を目指している。関係性マーケターは，各取引の価値が比較的低くても，リピーターとなった顧客の生涯価値が高まる可能性が認識できている。ホテル・グループの多くは，宿泊客のリピート率を高めるために関係性マーケティングを重視し，生涯価値の高いゲストに付加価値を提供するのである（詳しくは第10章を参照）。

③　マーケティングの制度的定義

「はじめに」で述べたように，AMAの定義（Gundlach et al.（2009））は，社会的視点とともに，価値創造を重視している。顧客は，製品やサービスを使用・消費する際に，自身の欲求を満たしてくれる価値を経験する。これは「使用価値」として知られている。レストランでの食事や客室は，顧客が使用・消費することによってはじめて価値が生まれる。

一方，CIM（2007）は，マーケティングを，「顧客の要求を特定し，予測し，収益性をもって満足させるための経営プロセスである」と定義している。これは，顧客の要求を満たすことを重視している。

両者の定義を統合すると，すべての顧客に求められているのは価値の体験である。もし顧客がホスピタリティ企業の製品やサービスから価値を体験しなければ満足はしない。その逆に，いったん価値を体験すると，顧客の満足度が充足される可能性は高くなる。

顧客の声をビジネスに取り入れることも重要である。CIMは顧客の要求の具現化を，AMAは企業が顧客にとって価値のある製品を創造するための活動とプロセスを重視している。両者の視点を総合すると，企業は市場，顧客，競合他社の動向を調べ，顧客の要求と期待の変化を把握し，顧客が価値を体験できるように継続的に提供内容を適応させる必要があることがわかる。このようなモニタリングと将来を見据えたプロセスは，顧客の声をビジネスに反映させ続け，企業が顧客に対して開かれていることを意味する。

2 市場とは何か

（1）マーケティング・コンセプト

ビジネスの考え方の中心に顧客を位置づけ，顧客が求める価値を中心に業務とコミュニケーションを体系化して推進している企業は，マーケティング・コンセプトを採用していると考えられる。競争市場において，こうした企業は，自社の目標を達成するためには，ターゲットとして選択した顧客に対して競合他社よりも効果的に価値を創造し，提供し，伝達する政策を展開している。

マーケティング・コンセプトを採用している企業は，「マーケティング志向」であるといわれる。

（2）市場とは

市場は，かつて人々が農産物を売買するための集会所であった。人々がオンラインでつながる現代社会では，市場はより複雑なものとなったが，共通の利害を持つ売り手と買い手を結びつけるという基本原則は変わっていない。現代の市場は，同じようなニーズやウォンツ（欲求）を持つ人々（潜在的な消費者や実際の顧客）と，それらのニーズやウォンツ（欲求）を競合他社よりも的確に充足させようとする企業（産業）の各グループから構成された考え方である。

①　ニーズとウォンツ（欲求）

ニーズとは欠乏感のことを指すのが基本であり，食べ物，住まい，安全といった人が生存するための基本的な要件から，所属や承認といったはるかに複雑な社会的ニーズまで多岐にわたる。ウォンツ（欲求）は，さまざまな人々が自分のニーズを満たすために選択する具体的な方法であり，ウォンツ（欲求）は消費者が暮らす国や地域の文化や個人の性格から形成される。

人々がどのように欲求を満たすことができるかどうかは，彼らが支払える金額の範囲に応じて変化する。消費者は，自分自身の資金や購買力に基づいて購入の選択をしなければならない。ある製品（またはサービス）を購入するすべての個人の購買決定が集約されたものが，市場需要として示される。市場需要は通常，2つの基準を用いて測定される：

■販売個数－数量

■人々がその製品にいくら支払ったか－価値

人は，同様のニーズを多様な方法で充足させることができる。すべての人が同じ価値を求めているわけではないので，市場全体の中に市場セグメントが形成される。ホスピタリティ市場では，ラグジュアリーな価格，中間的な価格，手ごろな価格といった市場セグメントが，異なる顧客グループが求めるさまざまな価値基準に対応している。

② 市場の供給能力の測定

ホテル市場では，ある地域のホテルとベッドルームの数を市場キャパシティと呼ぶ。新しいホテルが開業し，ホテルやベッドルームの数が増えると，市場のキャパシティは増加する。したがって，ラグジュアリー価格，中間的な価格，手ごろな価格の分類は，これらの市場セグメントにサービスを提供するさまざまなタイプのオペレーションを表すためにも使われる。ホスピタリティ産業の市場供給を分類する場合には，以下の手法を使う。

・旅行の目的（例：ビジネス，レジャー）

・ニッチ市場（例：エスニックレストラン，ベジタリアンレストランなど）

・ホテルやレストランに対する観光局，自動車協会，その他の組織の格付け（例：ホテルに対するアメリカ自動車協会（AAA）のダイヤモンド格付け分類や，レストランに対するミシュランガイドの星の格付け）

市場の需要水準と業界のキャパシティは，ホスピタリティ企業の収益性を支える重要な要素である。市場の需要が高く，業界の生産能力が低い場合，ホスピタリティ・ビジネスは高い売上高と収益性を享受できる可能性がある。また，市場の需要が低下（景気後退や不況など）しても，業界の生産能力が高いままであれば，売上高と収益性は低下するのが一般的である。

(3) 需要管理としてのマーケティング

前に述べたように，マーケティングには顧客の需要を管理する技術と科学の両面がある。需要の状態は多様化しているため，マーケティングの課題もさまざまである。需要には8つのカテゴリーがある。

① 消極的需要……消費者が製品を嫌う場合を指している。これに対して，例えば，スーパーマーケットやワインの販売店などでは，飲食料品の無料試飲という体験を通じて，新たな価値への気づきを促している。

② 需要なし……広告や宣伝により認知度を高め，製品の好ましい特性を伝えることは，消費者を教育し，製品の試用を促すのに効果的である。

③ 潜在需要……適切な製品・サービスがあれば需要は存在する。2020年から3年以上に及んだコロナ禍では，人々の移動が大幅に制限される中，国内の需要にフォーカスして商品開発が積極的に行われ，こうしたイノベーションに取り組んだ観光事業者は，コロナ後に多くの旅行者を惹きつけることに成功した。

④ 需要の減少

⑤ 不規則需要……ハイシーズンとローシーズンの需要を平準化させるマーケティング戦略を開発する。

⑥ 満杯需要……需要が多すぎる（満室状態）場合，ホスピタリティ事業者は対応できず，顧客の不満が生じる可能性が高くなる。ホスピタリティ・マーケティング担当者は，価格を上げるなどにより予約・待ち行列のプロセスを管理することで需要をコントロールし，顧客の不満を回避する。

⑦ 需要過多

⑧ 不健全な需要……経営者には，不健全な需要を抑制または破棄するよう努める法的・倫理的義務があるが，顧客が進んで関与している場合は，企業だけでは対応が難しい場合もある。

需要状態①～④が発生する場合は，実際の需要は事業者が望む需要レベルよりも低いため，ホスピタリティ・マーケターは，より多くの需要を喚起し，刺激することが必要になる。

3 マーケティングの考え方の展開

すべての企業が「マーケティング志向」であるわけではない。ここでは，5つの異なる経営に対する姿勢を見ておくことにしたい。これらの中には，特定の経済状況や経済史上の特定の時期に結びついたものもある。ホスピタリティ組織は，他の企業と同様に，経済状況に関係なく，以下のいずれかの方向性を採用する可能性がある。

(1) 製品・サービス志向

製品志向のホスピタリティ企業には，有名シェフを擁する有名レストランがあり，彼らは，顧客が実際に何を求めているかに関係なく，顧客が求めるはずだと考えるものを提供する。製品志向の経営は内向きになってしまい，消費者の嗜好や流行が変化すると，顧客の嗜好の変化に対応できなくなり，製品志向の企業はたちまち凋落してしまう。

(2) 生産（オペレーション）志向

1900年代初頭に自動車起業家ヘンリー・フォードが開発した生産志向は，強力で革新的な製品に対する需要が高まっているような場合に適している。需要が供給を上回れば，経営者は増大する需要を満たすために大量生産に力を入れる。技術の向上は規模の経済を生み出し，経営者は価格をさらに引き下げ，市場を成長させることができる。

このアプローチは，低価格と一貫した製品品質を期待する顧客にサービスを提供するビジネスに適している。これは，経営陣がコストを管理し，品質を標準化し，効率を高め，数量を増やそうと努力するため，内向きの思考になりがちである。その結果，顧客のニーズやウォンツ（欲求）は経営効率の二の次にされてしまう。低コストで大量生産された製品で顧客が満足するような市場であれば，生産志向が適切である。

ホスピタリティ組織が，生産志向を非効率的に使用している例もある。時には，ホテル運営のあらゆる側面に関する規則や手順が詳細に記載された，大手ホテル企業の標準的な業務マニュアルが，従業員の顧客ケアへのイニシアチブを阻害することもある。

小規模な企業では，オペレーションに重点を置くことで，顧客をないがしろにする可能性もある。例えば，一時的に食パンに特化した高級パン屋が行列をなすほどに流行ったことがあったが，消費者から見れば，品ぞろえが単純化されすぎてしまい，十分な選択肢がないため，時間の経過とともに顧客離れを起こしていった。

（３）販売志向

企業が販売志向を採用するのは，供給が需要を上回り，成長が横ばいか低下している市場で自社製品が競合している場合である。多くのホスピタリティ企業にとって重要な問題は，業界の余剰生産能力と，建物などへの高額の固定資本投資の負担である。経営陣は，この負担感から投資に対する適正なリターンを得るために，高い販売量を達成することに集中し，積極的な販売促進を採用せざるを得なくなる。販売志向の企業は，事業や他のターゲット顧客への適合性があっても，ターゲットにしていない顧客への販売や予約を受け入れる傾向がある。相容れない顧客層を混在させることで，ホスピタリティ企業は顧客満足を提供できず，結局は自滅してしまう。既存顧客との長期的で有益な関係が，短期的な売上創出の追求のために損なわれる可能性がある。

多くのマーケティング・プログラムは，顧客のニーズやウォンツに関係なく，ベッドルームやバー，レストランを満室にすることを目的とした売上増進となってしまい，販売志向がホスピタリティ産業に蔓延することになる。

販売はホスピタリティ・マーケティングの重要な要素であるが，販売戦略はマーケティング計画に統合されるべきであり，マーケティング志向と一貫した内容に改めなくてはならない。

（４）マーケティング志向

マーケティング志向の企業は，マーケティングの概念を採用し，顧客の立場でビジネスをとらえている。販売志向に代わって，熾烈な競争がもたらす供給過剰な市場に対処する。マーケティング志向の企業は，長期的な収益性を維持するためには，顧客を理解し，競合他社よりも優れたサービスを提供する必要があることも認識している。

マーケティング志向の企業は，マーケティング・リサーチを実施し，すべてのマーケティング活動を調整し，顧客満足の要求に応えられる総合的なマーケティング・アプローチを提供する。マーケティング志向は，顧客のニーズやウォンツ（欲求）が変化すれば，それに応じてビジネス・スタイルも適応していく。

マーケティング志向の利点は，顧客のニーズとウォンツ（欲求），競合他社の市場充足力に対する深い理解に基づいて，相互に有益な，長期的な顧客との関係を発展させる点にある。マーケティング志向の採用により，企業が長期的な顧客満足を追求し，長期的な利益を求めることが可能となる。

最も高度なレベルでは，マーケティング志向は個々の顧客（組織または人）の満足に焦点を当てるものである。個々の顧客のニーズに合わせて提供内容を調整する企業は，ワン・トゥ・ワンマーケティングを実践している。ホテルでは，宿泊客の履歴，人口統計，連絡先の詳細，嗜好などの顧客関連データを含むデータベースを活用して，個々の顧客を満足させられるようにサービスやコミュニケーションをパーソナライズできる。

（5）社会的マーケティング志向

マーケティング志向は，顧客重視という対象の限定性と，環境や社会問題への配慮の低さから批判されている面もある。社会的マーケティング志向は，こうした批判に応えるものであり，営利組織は，単に顧客を重視するだけでなく，より広い責任があることを認識する必要がある。社会的マーケティング志向は，企業が持続可能なビジネスを営む一方で，地域社会に対して積極的に関わりを持ち，「地域社会と良き隣人」関係を築き，環境や文化的配慮に気を配るべきであることを示している。

マーケティング志向から社会的マーケティング志向への転換は，組織の中核的価値観に社会志向的な考え方を明確に位置づけることによって推進される。

ホスピタリティ・マーケティングにおいては，新型コロナを契機に，サステナブルな視点が従来以上に重視されるようになった。詳しくは第12章で解説する。

4 マーケティング環境

マーケティング戦略を検討する場合には，マーケティング環境の変化を理解し，それに適応する必要がある。マクロ環境要因とミクロ環境要因は，消費者，顧客，企業に影響を及ぼし，ひいてはマーケティングの実践に影響を及ぼす。図表１－１は，ホスピタリティ企業が活動するマーケティング環境の概要を示している。

（１）マクロ環境

マクロ環境には，ホスピタリティ企業の顧客や経営に影響を与える政治的，経済的，社会文化的，技術的，環境的（Political, Economic, Sociocultural, Technological, Legal, and Environmental factors；PESTLE）要因のすべてが含まれる。ホスピタリティ企業がPESTLEの影響をコントロールできるとしても限られているが，

図表１－１　マーケティング環境

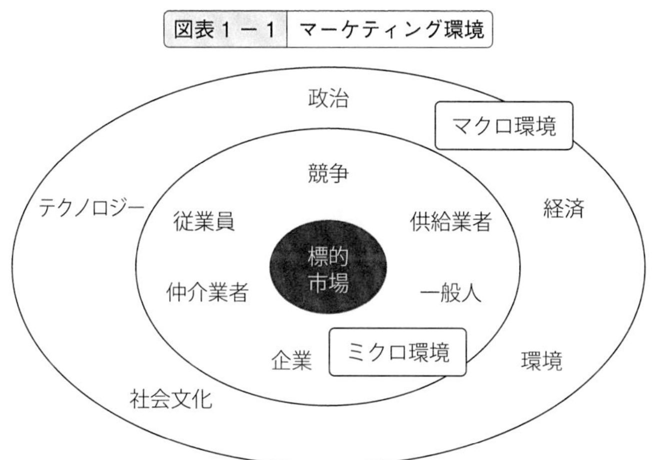

出典：Bowie et. al.（2017）をもとに著者作成。

PESTLE 要因が1つでも大きく変化すれば，良くも悪くもビジネスに大きな影響を及ぼす可能性がある。PESTLE 要因の変化は消費者に影響を与え，市場の需要を牽引し，競争環境に影響を与える。

（2）政治的環境

国の政治的方針は，消費者や商業組織がどのように行動できるかを方向づけることになる。政府の政治理念は，経済的，社会的，技術的発展を刺激することもあれば，抑制することもある。日本を含む OECD 諸国の多くは一般的に開放経済を促進し，観光を奨励し，ホスピタリティ・ビジネスにとって好ましい環境を作り出している。政治や政府の決定は，私たちが生活し働く環境を常に変化させ，さまざまな形でホスピタリティ・マーケティング活動に影響を与える。

政治的環境は，EU や APEC といった経済圏だけでなく，各国や地方自治体も対象となる。政治的環境には法的／規制的環境も含まれ，市場に影響を与えるあらゆる法律が対象となる。具体的には，以下が挙げられる。

- 計画規制（ホテル，レストラン，レジャーの増築や新規物件の開発許可）。
- 営業許可に関する法律：営業許可施設の営業時間を規制する。
- 価格に影響を与える消費税，入湯税や宿泊税，アルコール飲料の物品税や航空旅客税のような観光サービスに対する税金，入山料など税金以外の負担が生じる場合もある；税率はホスピタリティや観光商品の需要に大きく影響を与える可能性がある。
- マーケティング・コミュニケーションに関する規制—広告，販売促進，ダイレクト・マーケティング，データベース・マーケティングなど，顧客とのコミュニケーションに関するさまざまな規制。
- 食品安全に関する規制。

（3）景気循環

景気の循環は需要に大きな影響を与える。ホスピタリティ企業は，景気循環を理解し，それに応じて業務を修正する必要がある。

特に，成長局面では，需要の高まりに応じて，稼働率と客室料金が上昇する。その結果，キャッシュフローが上昇し，資本投下の拡大が可能となり，不動産価値は上昇し，景況感が高まる。その一方で，顧客サービスへの関心も高めていかないと，不満の温床を作ることになりかねないので注意が必要である。

（4）社会文化的環境

これは，消費者の購買・消費行動に影響を及ぼす。その国の社会文化的環境は，地理，気候，歴史，宗教，民族構成から形成される。消費者は無意識のうちに，その国の文化的価値観から影響を受けている。実際，国による文化の違いは，ホスピタリティ・マーケターにとって，グローバル・ブランドを開発する際の最大の課題の１つである。

人の飲食習慣は文化に大きく影響される。それぞれの国や地域は，どのような農産物が手に入るかを示す気候や，どのような食べ物や飲み物を飲んでよいかを規定する宗教や価値観などの要因に基づいて，独自の料理を進化させてきた。海外旅行の拡大は，人々の文化的知識を広げ，新しい食べ物や飲み物のコンセプトの開発を促した。

人口構成の変化も，ホスピタリティの市場需要に大きな影響を及ぼす。例えば，先進国の高齢者数が増加し，休暇を過ごす人々の嗜好や要求が変化している。また，独身者の増加（晩婚化と離婚の増加）により，外食の需要特性が変化している。

ホスピタリティ・マーケティング担当者は，自社が市場の変化に適応し，競争力を維持できるよう，社会文化的・人口統計的傾向を把握しておく必要がある。

（5）テクノロジー環境

ホスピタリティの技術環境は，情報通信技術（ICT）やAIの革新と発展と密接に関連している。消費者とホスピタリティ産業に影響を及ぼす技術環境の変化としては，以下がある。

・ホスピタリティや旅行商品を検索・予約する消費者用のインターネットや

モバイル技術の急速な普及。

・消費者はホテルやレストランを予約する前にオンライン比較サイトを利用。

・消費者がソーシャル・メディアを利用して，家族や友人などにホスピタリティ体験を伝達。

・オンライン予約を促進するための，複数のホスピタリティ系ビジネスを相互接続した管理システム，コンピュータ化された予約システム，グローバル・ディストリビューション・システム（世界の航空会社，ホテル，レンタカーなどの予約・発券），インターネットやモバイル技術の発展。

・エネルギー消費を削減し，客室内の快適性と安全性を向上させるAIの開発。

・厨房機器の改良による食品製造技術の向上。

Airbnbは2008年に設立された，シェアリング・エコノミーで世界中のホストと旅行者をつなぐオンライン／モバイル・ビジネスである。Airbnbは，ホテルオーナーにとって新たな競争形態である民泊を生み出した。ホストは旅行者に自宅を宿泊先として提供し，旅行者はAirbnbのウェブサイトを通じて直接予約する。10年足らずの間に，Airbnbは190カ国で150万以上のホストと契約し，4,000万人以上のゲストの世話をしてきた。

日本ではまだ導入されていないが，フランスでの移動で力を発揮するのが，BlaBla carの仕組み（自家用車を利用する際に，あらかじめウェブサイトに出発地と目的地を指定し，同じ方向に出かけたい人を募るヒッチハイクをウェブ化した仕組み）である。

現在，そして今後予測される技術革新の速度は超高速であり，新たな開発は常に技術環境を変化させている。

（6）環境問題

観光ビジネスが地球に及ぼす影響が認識されるにつれ，環境要因は世界のあらゆる地域で重要性を増している。特に，マスツーリズムはオーバーツーリズムにつながる恐れがあることから，物議を醸している。具体的には，以下の課題が挙げられる。

・不適切なホテルやレジャーの新規開発を奨励。
・自然生息地の侵食。
・先住民文化の完全な状態の保全に対する脅威。
・地域の人々が必要とする生活インフラや希少資源の過剰使用。
・大気，騒音，炭素汚染の発生。
・廃棄物処理の問題。

（7）PESTLE 要素の相互作用

PESTLE の各要素は，他の要素に影響を及ぼす可能性がある。例えば，人口動態の変化は，今世紀後半には経済，社会，政治の状況に大きな影響を及ぼすようになると予測されている。人口の変化は国の経済に影響を及ぼす。人口の世界的な変化と国内的な変化は，社会文化的な力に影響を及ぼし，旅行市場の構成と特性にも影響を及ぼす。各国は，特に経済的・政治的難民からの移住圧力に政治的に反応する。人口動態の変化は，自分たちの利益を代表して政府に働きかける。全米最大の NPO の AARP（American Association of Retired Persons，世界最大の高齢者支援団体）などがその好例といえよう。このように，1つの変化要因が複数の PESTLE 要因に影響を及ぼし，PESTLE 要因のそれぞれが他の要因と相互に作用し合うのである。

（8）ミクロ環境

ミクロ環境には，ビジネスが日常業務で関わる人々や組織が含まれる。これらは，顧客，従業員，サプライヤー，仲介業者，競合他社，そしてメディアや規制当局といったさまざまなステークホルダーから構成される。

①　顧　客

ホスピタリティ企業は通常，ビジネスやレジャーのホテル利用者，ホテル利用者以外の飲食客など，幅広い顧客ミックス（組合せ）をターゲットとしている。顧客ミックスを管理し，異なるタイプの顧客のすべてに満足や喜びを感じてもらうことは，マーケティングにとって大きな課題の１つである。時間の経過とともに，顧客のニーズやウォンツ（欲求）は変化するため，企業はその変化をモニターし，対応しなければならない。

② 従業員

ほとんどの接客業にとって，地域の労働市場は重要な資源である。教育を受け，容易に訓練を受けることができる熟練した従業員の採用のしやすさは，質の高いサービスを提供する上で重要な要素である。従業員は顧客と直接接するため，顧客の経験や満足度に大きな影響を与える。

③ サプライヤー

ホスピタリティ企業の業績はサプライヤーに左右される。マーケティング担当者は業務上の購買決定には直接関与しないが，品質基準や仕様の設定に対しては意見を述べるべきである。ホスピタリティ・マーケターは，外部のマーケティング・コミュニケーションやマーケティング・リサーチ会社とよく話し合い，管理する責任がある。

④ 仲介業者

ディストリビューターとも呼ばれる仲介業者は，顧客にアドバイスし，顧客に代わって予約を手配する企業である。仲介業者には，検索エンジン，旅行代理店，ツアーオペレーター，イベントのプロモーター，TPI（第三者仲介業者）と呼ばれるオンライン専門の企業が含まれる。仲介業者には，顧客からホスピタリティ系企業までを含む流通チャネル（経路）においてつながりを形成する重要な役割がある。マーケティング・マネジャーは，実際の仲介業者や潜在的な仲介業者と良好な関係を築く必要がある。

5 一般の人々や企業や団体

ホスピタリティ施設の立地と企業の規模によって，組織が関わるべき人々がどのような立場の人なのかが決まる。具体的には，以下のような人々がいる。

・安全衛生，衛生及び計画規制を実施する地方自治体当局

・近隣に居住または勤務する企業や人々（顧客も含まれる）

・地域社会，教育，宗教，社会，ボランティア団体

・レジャー，スポーツ，観光団体

・メディアや出版社

地元の人々は，ホスピタリティ・ビジネスに多大な影響力を及ぼす可能性がある。効果的な広報活動を展開し，地域住民との良好な関係を育むことは，マーケティング業務の一部と言えよう。例えば，ニュージーランドのクライストチャーチ市（CRC）のリゾート，Terrace Downs（TD）はもともと，日本人が作ったゴルフ・リゾートであった。そこを現CEOが買い取り，現在のTDをスタートさせた。まずは，単なるゴルフ場だけのイメージを払拭し，できるだけ非日常を体験できるリゾートへの脱皮をはかろうとしている。

ゴルフだけで出かけようとすると，丸一日くらいは遊べるが，長期滞在となると，なかなか難しくなる。特に，夫婦で滞在する場合，夫がゴルフ三昧していると，妻の機嫌を損ねることになりかねない。ところが，ゴルフもできるが，もっとたくさんのアクティビティが用意されていることがわかれば，より長期で滞在してもらいやすくなり，妻にも満足してもらえて，夫も安心してエンジョイできる。家族向けにも同様のことがいえる。

同社は，まず地元のCRCのメディア，タクシー，ホテル関係者を招待し，TDの良さをアピールした。これにより，口コミの源泉を創出し，CRC市に滞在した人が，もう一日あるいは半日遊びたいと考えて，誰か町の人に聞いたときに，「だったらTDがいいですよ」，と勧めてくれることが，何よりも説得力のあるPRとなる（詳しくは，佐々木（2010）を参照されたい）。

主要参考・引用文献

Benett, P. D. (1988), *Dictionary of Marketing Terms*, American Marketing Association.

Bowie, David, Francis Buttle, Maureen Brookes, and Anastasia Mariussen (2017), *Hospitality Marketing*, Routledge.

CIM (2007), *Chartered Institute of Marketing, A new definition of marketing?*.

Gundlach, G. T. & W. L. Wilkie (2009), "The American Marketing Associaton's New Definition of Marketing Perspective and Commentary on 2007 Revision", *Journal of Public Policy & Marketing*, 28(2), pp.259-264.

Kotler, Philip (1999), *Kotler on Marketing*, Simon & Schuster.（フィリップ・コトラー著，木村達也訳（2000），『コトラーの戦略的マーケティング』ダイヤモンド社.）

Shaw, Arch W. (1951), *Some Problems in Market Distribution*, Harvard Univ. Press, 1951, 3rd ed.（ただし，本書の記述内容は，ショーが初版（1915）で指摘.）

Shaw, Arch W. (1920), *An approach to business problems*, Harvard Univ. Press, 1920, 2nd ed.

佐々木茂（2010），「体験型ツーリズムを活用した地域マーケティング戦略―特に，観光資源や特産物がない地域で―」『ツーリズム学会誌』No.10，pp.59-72.

（佐々木 茂）

第 2 章

ホスピタリティ概念とホスピタリティ・マーケティング

❶ はじめに

ホスピタリティの語源は，数千年前に使われていたといわれる印欧祖語（PIE：Proto-Indo-European Language）にまでさかのぼれるという。これは，旅人に一宿一飯を提供するということであったようであるが，そこから，ラテン語の hospes などを経て，現代の hospitality に至っている。歴史的には，聖書や叙事詩にも記述があるほど，昔から用いられてきた表現である。その過程において，現代英語のホストやゲストなどの意味合いにもつながり，そこからしばしば，「相互性」といったキーワードが導かれることが多い。

ここで，わが国における特異性を指摘しておこう。日本では，「おもてなし」とホスピタリティを同義ととらえる雰囲気があり，その結果として，心や精神

図表２－１　ホスピタリティに関連する用語の変遷

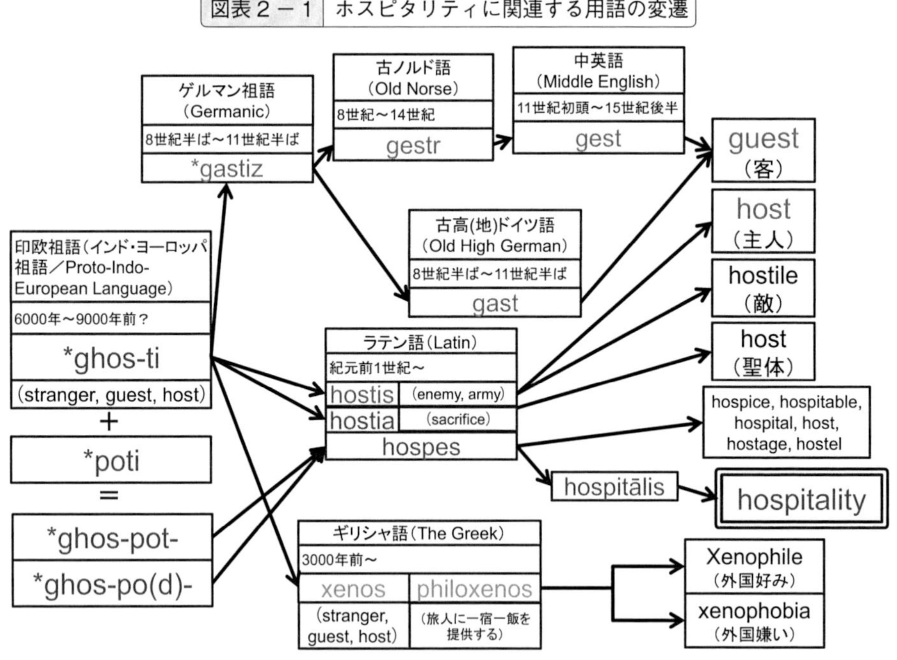

注）各項目のカッコ内は現代英語または日本語。
出典：O'Gorman（2007），をもとに著者作成。

性が過度に強調される傾向がある。特に，ホスピタリティが内包する「相互性」を前提としつつ，情緒的にホスピタリティをとらえる「ホスピタリティ原理主義者」とも呼べそうな一部の人たちは，そんな日本のホスピタリティが世界に冠たるものと主張するケースも多いようである。

このような日本のホスピタリティ賛美は，悲惨を通り越して滑稽でさえある。しばしば「世界に誇る」などといった冠がつけられるが，昨今の東京で最高峰のホテルをみれば，そんなことはないと誰でも理解できよう。過去，栄光を誇った「御三家」をはるかに凌駕する価格帯に，いわゆる「外資系ホテル」が数多く存在している。逆に，日本のホテル企業で海外進出できている企業はきわめて少数となってしまったし，その中で現地において最高峰とされている施設は存在しない。

また，昨今は，ホスピタリティの語源にある相互性や平等性といった要素とサービスの語源につながる「奴隷」や「召使」といった意味を持ちだして，「これからはサービスではなくホスピタリティである」といった言説や，「サービスよりもホスピタリティが上位の概念である」といった主張もしばしば見受けられる。

しかし，ホスピタリティは，あらゆるお客様のリクエストに「ノーと言わない」に代表されるように，それこそ「隷属的」な対応がなされた際に用いられることが多いようである。店に来たお客様の望む商品を，わざわざ他店舗から取り寄せたとか，新幹線で忘れ物を届けたとか，こうした対応がホスピタリティの代表のように扱われているのが現実である。そして，常に「心からのおもてなし」といった表現もつきまとい，そのような対応に疲弊したスタッフの離職も進んでいる。

これが，日本のホスピタリティとホスピタリティ産業の現状である。

本章では，情緒的なホスピタリティ観を排除し，「冷静に」サービスとの比較をしたうえで，理論的なホスピタリティの把握を目指し，それを踏まえたマーケティング上の示唆について論じていく。

❷ サービス概念の把握

（1）サービスの定義と特性

ホスピタリティという表現はそもそも，一般的にサービス提供場面で用いられることが多い。そこで，まず，サービス概念の把握をしていきたい。

サービスとは本質的に「あるプロセスそのもの」を取引した際の表現で，「プロセスを経た結果」としての「モノ」と対比されることになる。われわれが大学で展開している講義は，毎週○曜日の△時限に実施される「プロセス」であるから，サービスの１つであるといえるだろう。一方で，その講義を動画で録画し，DVDなどの媒体で提供した場合には，プロセスを経た結果ということになり，サービスではないということになる。

この両者の相違は，プロセスそのものを提供している場合には，プロセス提供中における相手の反応に合わせて，適宜，提供方法やタイミングなどを調整することができるのに対して，プロセスを経た結果の場合には調整ができないということにある。すなわち，サービスの方が流動性は高いといえるだろう。

そして，このことから，以下の特性が生じる。

まず，①無形性である。サービスはプロセスそのものであるから，形を成さない。講義は，教室やプロジェクターからのスライド投影といった「モノ」の要素も用いて展開されるが，講義そのものは無形である。

次に，サービスは生産と消費とが切り離せないという②不可分性もある。そして，この具体的な表出として，同じ時間や同じ場所でのサービス提供が必要となるという③同時性・同所性や，サービス提供側と提供される側との④協働の必要性が生じてくることになる。このために，講義の時間が決まっており，教室も決まっているうえ，学生には静かにしていてもらい，かつ，積極的に講義を受けてもらう必要が生じることになる。居眠りをするのは自由であるが，その際にサービスは消費できていないということになる。

ただし，③同時性・同所性については，昨今の技術の進歩によって緩和されている面もある。例えば，コロナ禍ではリモート講義やオンデマンド講義が実

図表２－２　サービスの特性

定義	サービスの特性	
サービス＝プロセス	①無形性	
	②不可分性	（生産と消費の）③同時・同所性
		（品質や性質の）⑤変動性
		（提供側と被提供側の）④協働の必要性

出典：徳江（2022），p.83。

施されていた。すなわち，必ずしも教室に決められた時刻に集まる必要はなかったわけである。ただし，実はこれも，画面からは離れられないし，録画されているものであればサービスではなくなる。そのため，いずれにせよ制約が生じることは間違いない。

そして，こうしたことから，品質や性質の⑤変動性という特性も生じてくる。まったく同じ講義を毎年やることは，厳密には事実上不可能であるし，その日の気温や湿度などによっても，印象が変わってくることになるからである。以上をまとめると，図表２－２のようになる。

この品質や性質の⑤変動性に対応すべく，通常はマニュアルなどで「固定的なサービス」を提供し，可能な限りの品質の安定化が目指される。マニュアルを厳密にとらえると，プロセスを時間軸や行動単位で細分化したうえで従業員の言動について細分単位ごとに規定したものであり，いわば「サービスのパッケージ化」であるととらえられよう。

ただし，どれだけパッケージをこと細かに設定しても，特にサービス提供側と被提供側が目の前でやり取りをする場合には，提供者と被提供者との関係など，さまざまな要素がサービスの構成に影響を及ぼすことになる。すなわち，プロセスそのものという「客観的品質」は安定化できても，お客様が実際に感じる「主観的品質」は安定化できないということになる。なお，この主観的品質のことを，マーケティングでは「知覚品質」とも表現するが，これを安定化するのはなかなか難しい。

(2) サービス提供上の問題点

以上のような特性は，サービス提供にさまざまな影響を及ぼすことになる。ここで，そうした問題点について，サービス提供の①事前，②事中，③事後，そして④関係という4つの視点から検討していく。

① 事前：サービス提供前

サービスの被提供側からすると，まず，事前にはサービスが，そもそもどのようなものであるかはわからないという点が問題である。大学の講義の場合，シラバスをいくらしっかり読み込んでも，当該講義の詳細を把握することは困難であろう。モノの場合には，例えばパソコンであれば，CPU速度やハードディスク，メモリーの容量などで，事前にある程度，推測することは可能である。

この場合には，目に見える形の要素を提示したり，すでに利用したことのある他者の口コミを用いたりすることで問題解決が可能である。ホテルのサービスも事前にはわからないが，ロビーや客室の写真を提示することが多いのはこれが理由である。

② 事中：サービス提供中

サービスの提供中には，被提供側との協働が必要なことから，サービスの品質や性質が安定化しにくいという問題がある。ただし，被提供側の言動も規定する形での対応を取ることによって，ある程度の安定化は可能である。

③ 事後：サービス提供後

もし被提供側に不満があったとしても，提供後はどうしようもないという点が問題である。モノは製品生産「後」の品質検査でこれを防ぐことができるが，サービスの生産は消費と同時になされることから，事後の品質検査が不可能ということになる。

④ 関係

以上のような時間軸における問題点に加えて，サービス提供側と被提供側との関係次第で，被提供側にとっては，サービスの品質や性質が変化するということも挙げられる。つまり，提供側と被提供側が，常に良好な関係になれるとは限らないという点がポイントになる。

（3）サービス概念の把握における注意点

従前のサービス研究においては，前項の①事前や②事中への対応が模索され，さまざまな解決策が提示されてきた。しかし，③事後はそもそもどうしようもなく，また，④関係についても，あまり検討がなされてこなかった。

しかし，マーケティング論においては，第1章で詳述されている関係性マーケティングへの転換に際して，さまざまに関係に関する研究がなされてきている。そこで，この関係というキーワードを深掘りすると，異なる視点が見えてくるのである。この点は，次節で詳述する。

なお，サービスはラテン語のservosが語源となっているといわれている。これは，「奴隷」や「戦利品として獲得した外国人」といった意味がある。このような語源をもつため，最近は「サービスは奴隷的な奉仕である」，「サービスは，上下関係・主従関係が基本である」といった主張を目にすることがある。そして，この事実が，「だからこそ，これからは主客が平等な相互性に根差したホスピタリティなのである」と主張される根拠にもなっていたりする。

実際に，かつてのサービスは奴隷的な側面があったことも否定できない。現在のようなサービス経済化が進展する前には，自給自足が基本という人間の生活が長きにわたって続いていた。そのような社会でサービスが提供されうるのは，特別な人が特権的な階級の人に対してのみに限られていた。近代に入り，工業化が進んでからも，人種差別的な前提の下でのサービス提供における労働力の供給があったことも事実である。かかる環境下では，生きるために，主人としての存在に対して奉仕するしか生きていく術がなかった人々も存在した。

しかし，20世紀以降，サービスを提供する側の労働者はサービスを享受する側でもあり，人種差別的・身分差別的な労働力の供給という前提が成り立たなくなっている。特に国民の過半数がサービスに従事しているという環境にある国々では，この状態が当然のこととなっている。

3 ホスピタリティ概念の把握

(1) 品質や性質の不安定性と信頼

従前のサービス関連では，品質の向上や安定化を実現するために，さまざまな研究がなされてきた。ただ，パッケージ化により「客観的な品質」の安定化は確かに図られるが，主観的品質の安定化は関係の影響もあり，結局のところ難しいままである。

そこで逆に，被提供側との関係性をマネジメントしつつ，サービス提供中の対応を被提供側の状況に合わせて適宜調整しながらサービスを提供するという考え方も生じてくる。このような「応用的なサービス」の提供により，お客様の「主観的な品質」に，直接的にアプローチすることこそ「ホスピタリティ」の本質である。ただし，難点としては，いずれにせよ品質や性質が安定的でない状況でありながら，ビジネスとして取引しなければならないという点がある。

ここで，ホスピタリティの語源をたどると，旅人に一宿一飯を提供したことにさかのぼるが，その背後にはお互いの「信頼」が存在するという点を指摘しておきたい。この信頼についても誤解が多く，しばしば「信頼していたのに裏切られた」といった表現を耳にする。実は，裏切られるかもしれない（=裏切られないという安心の保障はない）からこそ，本来の信頼なのである。サービス提供場面でも，事前に品質や性質などが予測しにくく，満足に至らない可能性がまったくは否定できないからこそ信頼が生じ，それがお互いの「関係」に影響も及ぼすことになる。すなわち，ここに社会的ニーズにも対応できる可能性が生じてくる。

なお，完全にマニュアル化された固定的なサービスでホスピタリティを感じられない理由もこれである。相互に信頼する「相互信頼関係」ではなく，結果が保障されている「安心保障関係」では，期待された満足「のみ」が実現されることで，期待を超えることはなかなか難しいということにもなるからである。

この状況は，実は従業員側の満足にもつながる。すなわち，従業員も応用的なサービスを自身がすることでお客様の満足につながったという点，そしてお客様との関係（=信頼の関係）に対しても，満足を覚えるということである。

（2）ホスピタリティへのアプローチ

以上より，こうした「不確実性の高い環境」における「関係性のマネジメント」こそが，ホスピタリティということになる。そして，おもてなしは，この関係性マネジメントにおけるツールの１つに過ぎないのである。文化的同一性の高さや価値観の共有度合が相対的に高い日本人同士において，これまではきわめて有効な「関係性のマネジメント」であったといえるだろう。

そして，「関係性マネジメント」ととらえることにより，目の前のお客様だけでなく，社会全体や自然環境，果ては未来の存在（：子孫）にまで，関係性を意識することにもつながるのである。すなわち，関係を常に意識した生き方こそがホスピタリティということになる。

こうした点からすれば，世間で一部においてなされている把握は，むしろ逆だったといえるだろう。すなわち，サービスが奴隷的な上下「関係」を前提としたプロセス提供であり，ホスピタリティが相互的な関係にもとづく心からのおもてなしという「行為」といったとらえ方は，間違いであるということになる。

そうではなく，サービスはプロセスの提供という「行為」であり，ホスピタリティはその際における両者の「関係」性のマネジメントである，ということになる。

○サービス	**「行為」的側面**	**⇒**	**プロセスの代行**
	（×関係的側面	⇒	主人と奴隷という「関係」）
○ホスピタリティ	**「関係」的側面**	**⇒**	**主体間の関係性マネジメント**
	（×行為的側面	⇒	「おもてなし」という「行為」）

すなわち，同じプロセスを，行為や行動の側面からみた場合にはサービス，関係の側面からみた場合にはホスピタリティになる。例えば，講義を時間軸に沿って，どのように展開するかを検討することはサービス的な視点であるが，学生の様子を見ながら，適宜対応を変化させたりすることは，ホスピタリティ的な視点なのである。

4 ホスピタリティにおけるニーズと欲求

(1) ホスピタリティにおけるニーズ

本章の冒頭と前項で示したように，ホスピタリティは数千年前からの，旅人への一宿一飯の提供という風習に起源がある。その風習にどのようなものが含まれていたかは，聖書の記述や叙事詩の内容などから，ある程度は推測が可能である（徳江（2022）を参照されたい）。

時代によって多少の差はあるが，この風習には概ね，休息，食事と飲料の提供，場合によってはアミューズメントやエンターテインメント要素が含まれている。すなわち，ホスピタリティ産業というのは，こうした休息や食事・飲料の提供，アミューズメントの提供を主たるビジネスとしている産業ということになる。具体的には，料飲サービス産業，セレモニー産業，宿泊産業，テーマパーク＆レジャーランド産業ということになる（詳しくは，飯嶋他（2021）を参照されたい）。

つまり，休息や食事・飲料に対する生理的ニーズこそが，ホスピタリティ産業が本来的に対応すべき対象ということである。

しかし，前節でも述べたように，人的な接点が生じる場面における応用的なサービスを軸とした関係性マネジメントということからは，実際には社会的ニーズにも応えている。例えば，寿司屋に行くとして，客単価3,000円程度のお店に行くのであれば，美味しいもので空腹を満たしたいという生理的ニーズへの意識が強いだろうが，客単価30,000円以上するようなお店の場合には，職人さんとの会話を楽しみたい，あのお店の常連であるということを自慢したいといった，社会的ニーズの存在も垣間見られよう。この単価の差は，必ずしも原材料の差とは限らない。昨今の低価格寿司屋も，かなりクオリティの高い仕入れをしているからである。需要側からすればむしろ，こうした社会的ニーズをも満たせるという点に，意義が見い出されているといえよう。

また，セレモニー産業がここに含まれている理由も，冠婚葬祭などの社会的関係におけるニーズに応えることが基本だからである。

（2）ホスピタリティにおける欲求

さて，こうしたニーズを具体的に満たす方策は，人それぞれである。空腹を満たすというだけでも，米が食べたいと思う人もいれば，パンがいいという人もいる。喉の渇きを癒すためだけでも，水やお茶といった選択肢がある。こうした，個人個人の趣味・嗜好，あるいは文化的背景などに合わせる形で，さまざまな種類のお店が開発されてきたのが料飲サービス産業ということになる。そして，寿司屋の事例のように，空腹を満たしたり，美味しさに対する希求を実現したりといったことのみならず，店側との関係に対してもニーズが生じている場合，例えばカウンターの店がいいといった欲求にも繋がることになる。

宿泊産業の場合には，ビジネスか観光かでも，必要な前提条件は変わってくる。それに対応すべく，さまざまな広さ，施設・設備の宿泊施設が，多様な価格帯で展開されている。

ただ，気をつけねばならないのが「代替財」の存在であり，空腹というニーズを満たすには家での食事，すなわち内食が，宿泊における休息のための睡眠というニーズを満たすには，例えば野宿やインターネットカフェといった存在があるという点である。サービスの多くは内製化が可能であるため，このような代替性が常に付きまとうことには注意が必要である。そのためにも，やはり「関係性」を意識して，社会的ニーズにも応えうるような対応が必要とされるのである。すなわち，ホスピタリティということになる。

5 ホスピタリティ・マーケティングにおける留意点

不確実性が高い状況での関係性マネジメントは，ビジネス上は必ずしも好ましいことではない。事実，第 6 章で詳述するマーケティング・ミックスすなわち 4P は，「統制可能」要因と呼ばれることからも，この「統制ができるかどうか」は重要な問題であり，不確実性は本来的に排除すべきこととなる。しかし，不確実性がなければホスピタリティとはなりえず，この二律背反への対応が求められることになる。

このために，一般的にはサービスが提供されている現場への権限移譲といっ

図表２－３　サービス・デリバリー・システム

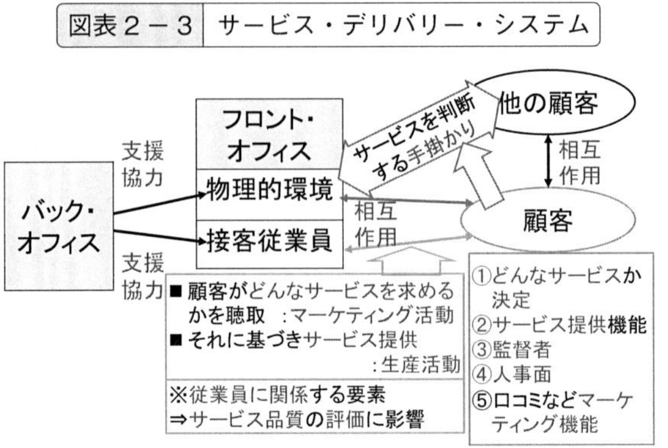

出典：飯嶋（2001）をもとに一部改変。

たことが中心的な対応ということになる。この点を，サービス・デリバリー・システムのフレームワークで検討してみたい。

図表２－３に示したように，サービス・デリバリー・システムでは，サービス提供の組織をフロント・オフィスとバック・オフィスとに分け，フロント・オフィスをさらに物理的環境と接客従業員に分けたうえで，顧客との相互作用がサービスになるとしている。このとき，物理的環境と顧客との相互作用は，さほど不確実性が生じる余地はないが，接客従業員と顧客との間で，さまざまな不確実性を生じさせる可能性がみえてくるだろう。そこに，ある程度の権限を委譲することで，ホスピタリティ実現につなげていくのである。

ただし，ここにあるように，接客従業員も顧客側も，サービス提供プロセスにおいては多くの負担がある点には注意が必要である。こうした負担があるために，サービス提供場面では，相克的相互依存関係が築かれることがある（図表２－４)。これは，お互いがお互いを必要としながらも，葛藤が生じてしまっている状態である。

さて，ここで顧客，バック・オフィス，フロント・オフィスという３者の関係を，図表２－３とは違う形で眺めてみたい。

図表２－５は，バック・オフィスをホスト，フロント・オフィス（の接客従業員）をキャスト，顧客をゲストとして，その３者間の関係を示したものである。サービス・デリバリー・システムでは，バック・オフィス（ホスト）と顧

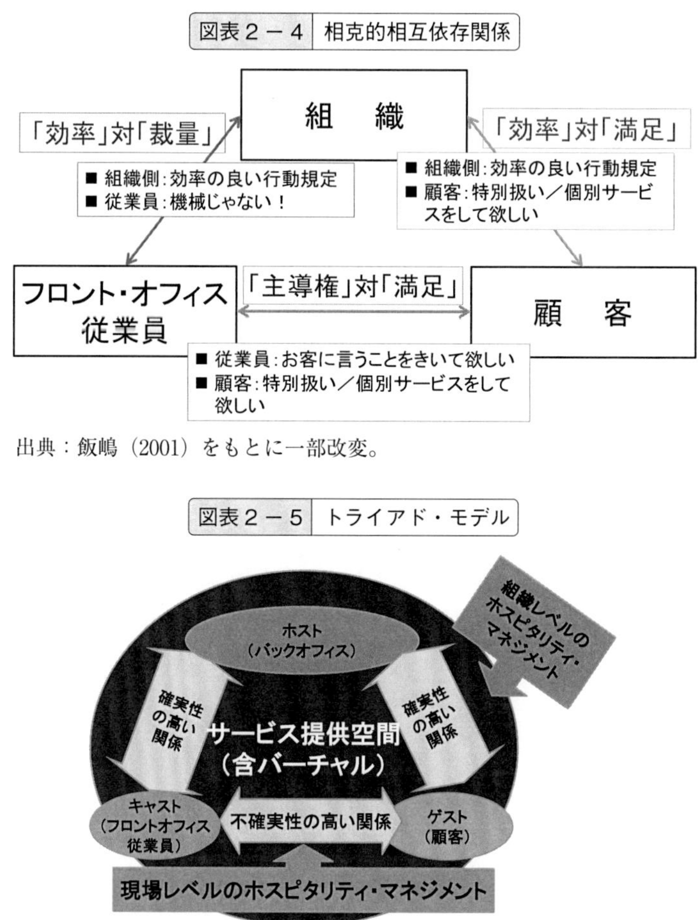

図表２－４　相克的相互依存関係

出典：飯嶋（2001）をもとに一部改変。

図表２－５　トライアド・モデル

出典：著者作成。

客（ゲスト）との間に関係は結ばれていないが，実際には決済や契約的事項など，なにがしかの関係が生じている。この3者間の関係のうち，ホストを中心に，キャストとの関係，ゲストとの関係は不確実性を排除して，キャストとゲストとの関係に不確実性を許容することで，ビジネスとしての安定性を担保しつつ，不確実性を制御することができるようになる。

一般には，サービスに対して顧客が抱く期待は，図表２－６のようになる。ここで，不確実性を導入することにより，この容認範囲という一次元尺度だけ

図表２－６　顧客の期待に関わる要因

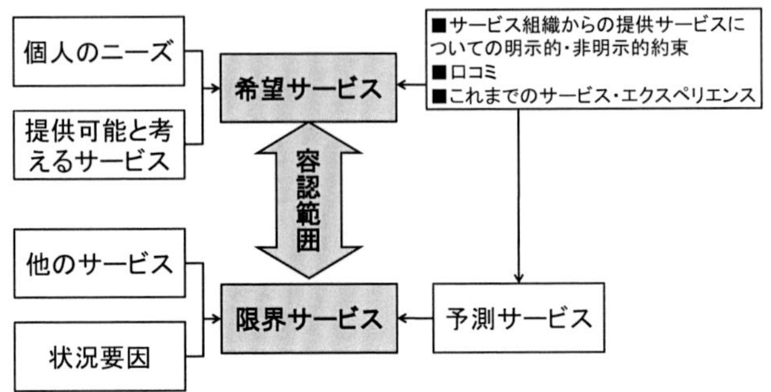

出典：Zeithaml et. al (1993). をもとに一部改変。

ではないサービス評価の可能性が生じることになる。

いずれにしても，ホスピタリティ・マーケティングにおいては，不確実性という状況の存在と，人間が介在することが多いという点については注意が必要である。関係する文献にも目を通し，ホスピタリティに対する深い理解もともなうことをお勧めする。

主要参考・引用文献

Lashley, C., P. Lynch & A. Morrison (Eds.) (2007), *Hospitality: a Social Lens*, Elsevier, -Advances in tourism research series.

O'Gorman, K. D. (2007), "Dimensions of Hospitality: Exploring Ancient and Classical Origins", in Lashley, et. al. (2007), pp.17-32.

Zeithaml, V. A., L. L. Berry & A. Parasuraman (1993), "The Nature and Determinants of Customer Expectations of Services," *Journal of the Academy of Marketing Science*, 21., no.1, pp.1-12.

飯嶋好彦（2001),『サービス・マネジメント研究』文眞堂.

飯嶋好彦・内田彩・黒崎文雄・佐々木茂・徳江順一郎・八木京子・安宅真由美・渡邉勝仁（2021),『ホスピタリティ産業論』創成社.

上原征彦（1999),『マーケティング戦略論』有斐閣.

徳江順一郎（2022),『ホスピタリティ・マネジメント（第３版)』同文舘出版.

塹江隆（2003),『ホスピタリティと観光産業』文理閣.

（徳江 順一郎）

第3章

ホスピタリティ産業における STP

1 はじめに

マーケティングにおけるSTPとは，セグメンテーション（Segmentation），ターゲティング（Targeting），ポジショニング（Positioning）のことをいい，それぞれの頭文字を取って「STP」と称している。

昨今のビジネスにおいて，市場全体を1つの対象として対応することはほぼないであろう。自社の経営資源が無限にあるというならば可能であるのかもしれないが，そもそも市場全体が同じ嗜好をもっているわけでもなく，最近では「多様性」と表現されているように，顧客の嗜好は千差万別である。

そのような状況の中では，市場全体を対象としても「ムダ」が多く，効率的に対応できるとはいえない。また，自社の経営資源を考えると，ホスピタリティ産業という市場の中でも，有利不利な部分も存在する。STPとは，そのような市場をいくつかのセグメントに分け，そのセグメントの中から自社が有利に戦えそうな対象を選び，そのターゲットに対して，自社のブランドポジションを確立していくことである。このように，STPとはマーケティングの初期段階で実施するもので，建物で言えば，建設前の基礎工事にあたる部分でもあり，STPはマーケティングの基盤にあたる部分である。まさに，STPからマーケティングが始まるといっても過言ではない。本章では，そのSTPとSTPを確立するために必要な情報収集であるマーケティング・リサーチの概略について述べる。

2 セグメンテーション（市場細分化）

（1）セグメンテーションの考え方

セグメンテーションとは，対象となる市場を細分化することである。冒頭でも述べたように，市場全体に対応するマス・マーケティングでは，多量の経営資源が必要なうえ，多様化する顧客の欲求に対して効率的に対応することはできない。そのために，市場細分化をするわけであるが，基本的な考え方につい

図表3－1　セグメンテーションの考え方

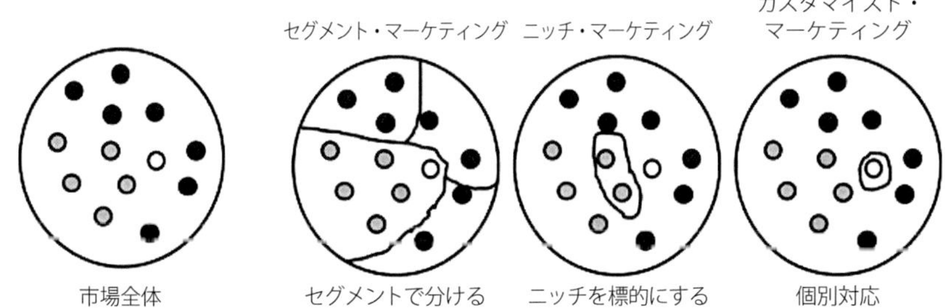

出典：恩蔵（2019），pp.34-36 をもとに著者作成。

て図表3－1で説明する。

マス・マーケティングとは，市場全体を対象にした1つのセグメントである。実際にはこれまでも述べたように対応することはほぼないが，考え方としては1つのセグメントとして存在する。

マス・マーケティングに対抗して，いわゆる細分化されたものがミクロ・マーケティングにみられる3つの分け方である。

セグメント・マーケティングは，異質な顧客の集合である市場全体を，いくつかの変数をもとに細分化して対応する手法である。一般的によく利用されており，基本的なセグメンテーションといってもいいだろう。

ニッチ・マーケティングとは，細分化された中からさらに明確に分けられるニーズや欲求をもつ顧客に対して対応する手法である。細分化されたセグメントをさらに細分化し，ニッチといわれるいわゆるスキマにあたるセグメントに対して対応する手法である。

カスタマイズド・マーケティングは，セグメントを各個に設定する究極のセグメンテーションである。この場合，各個に対応するため，1つのプロダクトを提供する場合のコストが大きくなることが欠点にはなるものの，顧客の受けるメリットも多い。

以上のように，セグメンテーションについては，全体から各個までさまざまな分け方が可能である。その中でも，セグメント・マーケティングにおけるセグメントは，いろいろな変数を使用して細分化することが一般的な手法でもあるため，次項においてその基準について詳しく述べることとする。

（2）セグメンテーションの基準

セグメントに分ける場合の変数についての基準は図表3－2のとおりである。

セグメンテーションを行う際には，いくつかの変数を用いて実施されるが，その変数は基本的に地理的変数（ジオグラフィック）・人口動態変数（デモグラフィック）・心理変数（サイコグラフィック）・行動変数の4つに整理されている。

地理的変数とは，人口（密度）や行政区分等の地域，その地域における気候等で区分する変数のことである。商品を多く売るのであれば，人口密度の高い都市部が有利であったり，自動車のスタッドレスタイヤを販売するならば，降雪がない地域では使用しないため，降雪の多い地域を選んだりなど，それぞれのセグメントを選択する必要がある。また，降雪や気温等で考慮するとリゾートホテルにあるプールは，基本的に寒い地域で使用することはないため，プー

図表３－２　セグメンテーションの基準

変数名	主な変数	例
地理的変数（ジオグラフィック）	人口（密度）	都市・郊外・地方
	地域（行政区分等）	関東・九州（東京・福岡）
	気候	気温・雨量（降雪量）
人口動態変数（デモグラフィック）	年令（世代）	学生・若年層・年金世代
	性別	男・女・LGBTQ＋
	家族構成	大家族・単身・夫婦
	社会	学歴・所得・職業
心理変数（サイコグラフィック）	性格	イノベーター⇔アーリーマジョリティー
	趣味	旅行・鉄道・航空・アニメ
	ライフスタイル	高級志向・庶民志向，計画・自由
行動変数	ロイヤルティ	ヘビー・ミドル・ライト
	購買頻度	リピート率・新規⇔既存
	利用機会	日常⇔非日常

出典：著者作成。

ルを作るよりも露天風呂を作る方が顧客の欲求に応えることになる。

人口動態変数は，年令（世代）や性別および家族構成等が含まれる。この変数には，和田・恩蔵・三浦（2016）でも述べられているが，帰属特性と達成特性の２つの特性に分けられるとしている。帰属特性とは，生まれもって決められたものであり，性別や年令などがそれにあたるとしている。また，達成特性としては，学歴や職業，所得などがあたり，本人の努力で変更が可能な特性としている。このような２つの特性があるものの，昨今では多様性が求められる社会に変化してきており，特に，帰属特性については生まれもって決められたもの，とする考え方に問題が生じてきている。今後の人口動態変数を使ったセグメンテーションを実施する場合は，十分に注意する必要がある。同じく注意が必要な変数として，この図表には記していないが，人種や宗教といった変数がある。日本国内ではそこまで大きな影響はないが，海外において事業展開を考えている場合は，重要となる変数も存在する。

心理変数（サイコグラフィック）は，性格や趣味およびライフスタイルと顧客のパーソナリティが大きく影響する変数である。そのため，特徴として顧客の嗜好が反映されやすい変数ともいえる。

行動変数は，ロイヤルティや購買頻度等から新規顧客なのかリピーターでもヘビーユーザーなのかライトユーザーなのか，顧客の行動から区分される変数である。

セグメンテーションの基準については，以上の説明のとおりであるが，実際にセグメントに分けるに至っては，１つの変数だけで分けられるものでもない。例えば，同じ学校に通っている同級生がいたとしよう。同じ地域に住み，同じ年令で同じ学歴であったとしても，趣味が違うと顧客のニーズも変わってしまう。地理的変数，人口動態変数が同じでも，心理変数が大きく違うと１つのセグメントとして成立しなくなってしまう。また，人口動態変数でも述べたが，時代は刻々と移り変わっており，これまで規定した変数をこれまでと同じように使ってセグメンテーションした場合，現状とは齟齬が生まれてしまい，誤ったセグメントになってしまう恐れもある。セグメンテーションを行う場合は，市場は常に動いていることを念頭に置き，その現状に合わせて実施する必要があるだろう。

(3) セグメンテーションの事例

これまで，セグメンテーションについて述べてきたが，実際にどのようなセグメンテーションができるのか事例を挙げてみたい。

次に示す図表3－3は，新型コロナウィルスの影響を受ける前の訪日外国人の旅行形態についてまとめたグラフである。

本事例からは，コロナ禍前の訪日外国人の旅行形態が，添乗員付きの団体ツアーや旅行代理店が考案したパッケージ商品より，自分で個別に手配し，自由に旅行をする形態の比率が伸びてきていることがうかがえる。

この図表では，計画的に実施される旅行よりも自由な旅行を望む比率が多くなっていることから，個人のライフスタイルの変化による影響をうけていることが考えられ，心理変数によるセグメンテーションといえるだろう。

この図表を観ただけでも，団体ツアー，パッケージ商品，個別手配の3つのセグメントとしてとらえることができる。このセグメントを利用した場合どのような対応が考えられるだろう。

図表3－3　訪日外国人における旅行形態

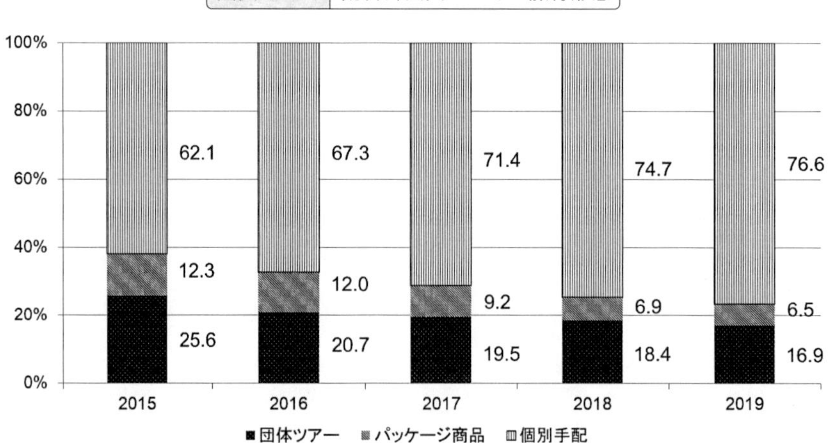

出典：観光庁（2016, 2017, 2018, 2019, 2020）をもとに著者作成。

まずは，団体ツアーやパッケージ商品を利用して訪日する場合は，大人数での来客が予想され，客室の多い旅館やホテル等の宿泊施設であれば，そのセグメントに対しての対応も可能であろう。逆に，個人手配の場合は，少人数での来客が予想されるため，そこまで大きな宿泊施設でなくても対応が可能である。

このように，セグメントごとの特徴で考えると自社の宿泊施設の規模でとらえ，それぞれの強みを活かして，団体ツアー・パッケージ商品の方が有利に対応することができると判断することも可能である。しかし，このグラフを見てもわかるように，団体ツアーとパッケージ商品については，縮小傾向にあるということに気を付けなければならない。セグメンテーションで分けられたセグメントから，自社はどこを選ぶのかについては，次節において詳しく述べるが，この場合は，セグメントとしての将来性を考えると約80％を占める個別手配について対応することを考慮することが望ましいだろう。

3 ターゲティング（標的市場の選定）

（1）ターゲティングの考え方

セグメンテーションを実施し，各種セグメントができたところで，次はどのセグメントに対してマーケティングを行うのか，すなわち標的市場を定めることがターゲティングである。ターゲティングを実施する場合の3つの基本型を図表3－4にまとめた。

ターゲティングには，無差別型，差別化型，集中型の3つがある。

まず，無差別型であるが，市場セグメントの違いを無視し，複数のセグメントに共通したニーズのみに着目し，プロダクトを提供する。作れば売れるような状況や，まったくの新製品として市場に提供するような状況であれば，この選択もありえるが，現代のような多様化が進んでいる市場では困難である。

差別化型は，自社の経営資源を選択したセグメントごとに分けて対応する手法である。このため，幅広くかつきめ細かい市場対応が可能だが，同時にコストも高くなる。大手自動車メーカーが，さまざまなセグメントに対して多様な

図表3－4　ターゲティングにおける3類型

マーケティング種別			特徴
無差別型	経営資源	→ 市　場	・市場セグメントを無視 ・ニーズの共通点に注目 ・多様化が進んでいる現代の市場では困難
差別化型	経営資源A 経営資源B 経営資源C	→ セグメントa → セグメントb → セグメントc	・セグメントごとに対応 ・各セグメントに対応するため効率が悪い ・コスト高
集中型	経営資源	→ セグメントa セグメントb セグメントc	・1つもしくは少数のセグメントを選択 ・経営資源を集中させるため効率が良い ・対象の市場が不振になると共倒れ

出典：著者作成。

車種を取り揃えて対応している状況が差別化型の典型的な事例である。この差別化型は，セグメントを分けて対応するため，1つのセグメントが不振になっても他のセグメントが残ることから，リスクが分散できるメリットもある。

最後に集中型であるが，1つもしくは少数のセグメントを選択して対応する手法である。自社の経営資源を集中投入するため比較的少ない経営資源でも対応が可能である。しかし，集中型では，1つのセグメントに対して全経営資源を集中させるため，その対象のセグメントが不振になってしまうと危機に陥るリスクもはらんでいる。

(2) ターゲティングにおけるセグメントの効果判断

図表3－2の基準でわかるように，市場細分化はさまざまな切り口でなされ，特に，心理変数や行動変数に至っては際限ない細分化が可能である。しかし，その細分化されたセグメントも自社の事業にマッチして，効果的なセグメントでなくては意味がない。例えば，ホテルや旅館の利用者に対して学歴で細分化したとしても，それが利用者の増減に大きく影響するとは考えにくい。そのような細分化したセグメントに対して経営資源を投入しても効果的とはいえ

図表３－５　効果的な市場細分化の要件

要　件	特　徴
測定可能性	セグメントの規模，購買力，特性等が測定できること。
接近可能性	セグメントに対して，効果的にプロダクトを提供できること。
利益確保可能性	セグメントに対して，プロダクトを提供するのに十分な規模があり，収益性を有していること。
差別化可能性	概念的に区別可能であり，さまざまなマーケティング・ミックスの要素やプログラムに対して，異なる反応を示せること。
実行可能性	セグメントに対して行う事業に対して，自社の経営資源で対応できること。

出典：コトラー他（2014），pp.93-94をもとに著者作成。

ない。

ターゲティングに際しては，細分化されたセグメントに対して効果的であるかをまず判断しなければならない。コトラー他（2014）では「測定可能性」，「接近可能性」，「利益確保可能性」，「差別化可能性」，「実行可能性」の５つの項目を効果的な市場細分化の要件として挙げている。各項目の特徴は，図表３－５のとおりである。

まず，測定可能性であるが，セグメントの規模等がわからなければ，事業規模がわからず，どれくらいの経営資源が必要かも見当がつかない。このようなセグメントでは，無差別，差別化，集中の３類型のどれが適当なのかも不明である。また，セグメント内の事業予測も難しく，今後の展開において効果的な対応が困難である。

接近可能性とは，事業を展開するうえで適当なセグメントを発見することができたとしても，そのセグメントの顧客が，どのような流通経路やメディア等を利用しているのか不明であれば，接触することすら困難であり，結果的にプロダクトの提供も難しくなるということである。

利益確保可能性は，一定の市場規模がなければ，コストばかりかかってしまい，利益が確保できない可能性があるということである。

差別化可能性については，例えば，日本食を提供する際のマーケティング活動に対する反応が世代間で同じだった場合，世代で分けたところで異なるセグメントにはならないということである。

最後に，市場細分化してさまざまなセグメントがあったとしても，自社がプロダクトとして提供でき，効果的に実施できる実行可能性がなければ事業として成り立たない。数隻しか保有していない釣り船の運行会社が，上級者や初心者向け，魚の種類等，市場を多く細分化して対応しようとしても，船の数も船頭の数も足りずに，各セグメントに対して有効なプロダクトを提供することはできない。

このような要件を考慮しつつ，多様なセグメントの中からどのセグメントを狙うのが効果的かを判断し，ターゲティングする必要がある。

(3) ターゲット市場の選定

前項で説明した要件は，セグメント自体の5つの可能性に着目して，効果的なセグメントを選択する要件としている。今後，ターゲットとするセグメントを選定し，今後のマーケティング・ミックスをはじめとしたマーケティング活動を実施していくわけであるが，ターゲットを選考する要件としては，まだ前項の要件だけでは足りていないものと考える。

各セグメントにおいては，自社だけでなく，そのセグメントに存在する顧客と競合他社および自社の経営資源などとの関わり，いわゆる3C（Company：自社，Customer：顧客，Competitor：競合他社）にも着目する必要があるだろう。

自社の経営資源等を活用して対応可能なセグメントがあったとしても，そこに提供されたプロダクトを採用する顧客がいなければ，利益を確保することができず，市場としては魅力的とはいえない。これは，「利益確保可能性」でも要件として挙げられているとおりであり，一定の「市場規模」は必要である。それと同時に，その市場が将来どのような規模になっていくのか，このまま一定なのか，衰退するのかそれとも市場が拡大していくのか，すぐ衰退するような市場を選択しても利益の確保は見込めない。市場が今後どのように推移していくのか，「将来性」はあるのかを見極めることも重要な要素として必要であろう。

魅力的なセグメントの選定においては，競合する他社の存在を忘れてはならない。自社と同じように同業で競合する他社も同様の選定をする，または，すでにしていることは否めない。このような場合は，そのセグメントにおける「競合他社」の数については，そのセグメントにおいて提供するプロダクトのシェアの確保に大きな影響を及ぼす要因になるため，十分に注意が必要である。

また，競争という視点で考えるならば，プロダクトを提供するための供給業者，そのセグメントへ新規参入する際の容易さ（参入障壁），プロダクトの代替品，顧客の存在に見られるその「市場構造」も考慮する要因であろう。

ターゲティングを実施する上での最後に挙げる着目すべき要因は，自社に関する要因である。

ターゲティングしたセグメントで活動する際に一番必要となるものは，「自社の経営資源」であろう。経営資源無くして経営活動はできない。ヒト・モノ・カネ・時間・情報等，ありとあらゆる経営資源を駆使して経営活動は成り立つのである。昨今では，高齢化・少子化の影響もあり，どの産業においても人的資源の確保は重要な問題になっている。特に，ホスピタリティ産業においては，人的資源の確保が他産業以上に容易にできない現状にある。効果的な要件である「実行可能性」を大いに脅かす要因であることは間違いないだろう。また，「自社の経営目標」についても考慮する必要があるだろう。自社が長期的にどのような企業を目指すのか，現状では確保している経営資源も，経営目標によっては，将来的には経営資源を手放すおそれも考えられる。ターゲティングを実施する前に，そのような齟齬が起きないように確認することも必要であろう。

以上，ターゲティングに必要な考え方と選定するために必要な要因などについて述べてきた。セグメンテーションとターゲティングの次はポジショニングを設定し，マーケティング・ミックスに移行していく。そのような業務の流れを考えるとターゲティングは，マーケティング活動の中でも方向性を決定する上での重要な判断である。企業は，効果的なセグメントに対し，自社の経営資源を柔軟に駆使し，長期的な視野をもって，競合他社よりも優位に立てると判断されるセグメントを選定するべきである。

4 ポジショニング

(1) ポジショニングの考え方

ポジショニングとは，ターゲットとする市場において，自社が提供するプロダクトをどのように位置づけするのか，マーケティング全体に影響する重要な課題の1つである。ポジショニングで設定した位置は，今後展開していくマーケティングの4P（プロダクト：Product・プライス：Price・プレイス：Place・プロモーション：Promotion）の基準になるものであり，自社のマーケティング戦略に多大な影響を及ぼすものである。また，その位置づけは，自社のブランド確立のための指標にもなり得る。

では，ポジショニングを決定する場合，どのようなことに気を付ければいいのか，恩蔵（2019）では，ポジショニングの切り口として，「重要性・独自性・優越性」（p.43）の3つの重要な要素があるという。

重要性とは，提供するプロダクトに対して顧客がもつ重要なベネフィットの部分である。例えば，ホテルに宿泊する場合，客室は重要な要素となり得るが，その客室を開けるための鍵についてはそこまでの重要性はもちえない。

独自性は，マーケティングでよく言われている新規（新奇）性に関連するものである。既存のものと同じようなプロダクトを提供しても，他社のプロダクトとの差別化にはつながらない。最近では，フィットネスマシン付きの客室や個人の趣味に特化した客室など，ユニークを追求することが，独自性の1つにつながるようである。

選択した市場にプロダクトを提供する場合，既存の他社や新規参入してくる他社もあるだろう。その場合に，常に自社が優位に立つポジションにあるということが優位性である。温泉旅館では，温泉というプロダクトを提供する上で，源泉かけ流しかそうでないのかでは，優位性に違いが出てくるであろう。

以上3つの切り口について述べてきたが，ポジショニングを考える場合，もう1つ考慮する事項として，競合がいないポジションを選択して参入するということである。競合がいなければ，余計な競争もなく，新規参入があったとしても，先発による競争優位の確保にもつながる。競合がいないポジションを見つけるには，次項で説明するポジショニングマップが有用である。

なお，第５章において，製品計画におけるポジショニングについても説明している。こちらも参照されたい。

(2) ポジショニングマップ

ポジショニングマップを用いて，自社のポジションを探索するにあたっては，まず標的市場において提供するプロダクトのカテゴリーを決定し，そのプロダクトの重要な要素を評価軸として設定する。その評価軸上で市場の構造分析を行い，自社が求めるポジショニングを決定する。また，ポジションを設定し，円の大きさで市場シェアを表示することも可能であるため，構造分析を行う上で必要な場合はそのように活用することもできる。なお，本節で示している図表については，特に市場シェアは考慮していない。

ポジショニングマップの例を図表３－６に示す。

図表３－６の例で考えてみると，x 軸に客室の質として豪華とシンプルを置き，y 軸に価格を取り構造分析を実施している。この例の場合は，高価格でシンプルなホテルおよび低価格で豪華なホテルのポジションが空いておりそこがポジショニングスペースとなる。

宿泊産業のような成長がひと段落している市場では，なかなかポジショニング上の空きスペースを見出すことは困難であろう。しかし，あくまで例とはい

図表３－６　ポジショニングマップの例

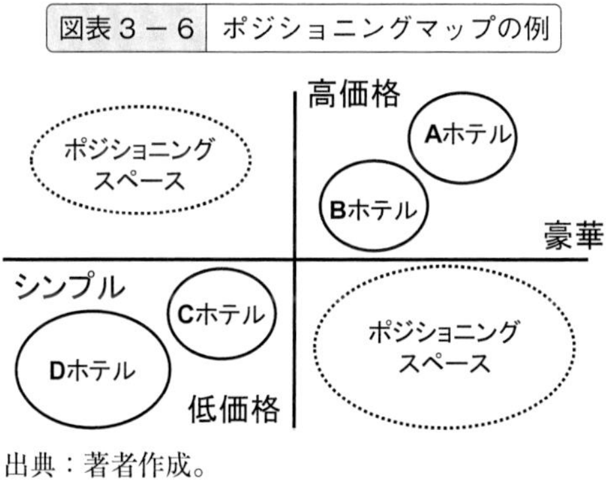

出典：著者作成。

え，高価格×シンプルなポジショニングには，いわゆる「ライフスタイル・ホテル」と呼ばれるジャンルのホテルが近年進出しており，好事例といえよう。そして，競争軸を転換するために，従前にはない評価軸を設定することも重要である。

ポジショニングとは，セグメンテーションで細分化して，標的となる市場において，競合他社との差別化を図るとともに，競合がいないポジションで高シェアを獲得するためのものである。市場が成熟化するとポジショニングスペースが狭くなり，競合他社と似たようなサービスが増え，結局，価格競争の様相を呈してしまう。ポジショニングがしっかり決まれば，競合他社が出店するまでは高シェアを獲得でき，しかも先行者優位も手に入れることができる。

5 マーケティング・リサーチの概略

(1) マーケティング・リサーチ

これまで，S（セグメンテーション）・T（ターゲティング）・P（ポジショニング）と進めてきた。そのプロセスの中で必要な要素として，各種情報がある。

セグメンテーションにおいては，4つの変数を基準に細分化するが，その変数も必要な情報なくして，変数としては成し得ない。

ターゲティングでは，細分化された市場をターゲットする際に，自社の経営資源や競合他社の情報やその情報を用いた分析が必要となり，ポジショニングにおいても同様の情報や分析が必要になってくる。

マーケティングのSTPを実施する上で，情報はなくてはならないものであり，必要であれば，その情報を分析した結果も必要である。STPだけでなく，マーケティング活動はすべてにおいて，何らかの情報等を駆使して判断をしなければならない。もちろん，その情報等は正確でなければならないし，信頼できる情報でもなければならない。間違った情報を使っても，間違った意思決定しかできない。

マーケティング・リサーチとは，そのようなマーケティング活動を実施するための情報収集・分析活動に他ならない。簡単にまとめるとマーケティング・

リサーチとは，「マーケティングにおいて必要な各種活動における意思決定支援のために行う情報収集および分析のことである。」とすることができ，本章におけるマーケティング・リサーチの定義とする。

（2）情報へのアプローチ

必要な情報があるとはいえ，その情報は多種多様であり，データとして得ることができるものもあれば，観察記録のような記述した情報もある。

マーケティング・リサーチには，収集する情報によって「探索型」，「記述型」，「因果型」の3つのアプローチがあるとされている。

まず，「探索型アプローチ」は，事前の情報が乏しく，問題点を明確化するためのアイデアを得ることが目的となる情報を集めることである。セグメンテーションにおいて，地理変数を使った細分化を実施する際に，どのような細分化ができるのか人口密度の情報や気候情報等を探してくることなどが該当する。

次に，「記述型アプローチ」は，ある市場の状況についての実態を記述するものである。ターゲティングやポジショニングを行う際には，その市場の状況について把握する必要があるため，このようなアプローチで情報を集めることができる。

最後は「因果型アプローチ」である。その名のとおり，原因と結果についての仮説を検証することで，例えば，気候条件が変われば，売上にどのように影響するのかどうかといったようなケースを指す。

この3つのアプローチは，基本的には「探索型アプローチ」でアイデアを見つけ，「記述型アプローチ」で実際の現状を記述し，「因果型アプローチ」で，その仮説を検討するといったような順序で使われることが多い。

（3）情報の種類

リサーチして集めてくる情報は，一次データと二次データの2種類に分けられる。

一次データ：必要な情報で新たに収集される情報
二次データ：すでに収集された情報でどこかに存在する情報

一次データは，自社で情報を新たに収集する必要があり，コストと時間がかかるため，まずは，二次データから情報を探すことが一般的である。

二次データは，情報の出所に応じて内部データと外部データの2つに分けられる。内部データは社内もしくは組織内に存在するデータであり，自社の販売記録（POSデータ）やIR情報などが挙げられる。また，社内にあるデータであるため，コストがあまりかからずに入手することができるメリットがある。

外部データは，名称のとおり社外もしくは組織外に存在するデータのことである。政府・公共団体，業界団体，調査会社などから得ることができ，データの種類としては広範多岐にわたるため，適切に使うことができれば有用な情報源として利用することができる。

外部データの例を挙げると，セグメンテーションに必要な地理的変数や人口動態変数などは，政府系機関において各種調査を実施しており，総務省統計局では，国勢調査をはじめとしたわが国の人口に関する統計や傾向に関する情報を入手することができる。また，経済産業省は商業統計，ホスピタリティ産業に関連するデータでは，鉄道・航空等の交通系情報や宿泊分野における情報は国土交通省に多く存在する。宿泊分野やインバウンドに関連するデータについては，国土交通省観光庁が統計資料を所有している。セグメンテーションの事例で利用したデータは，観光庁の保有する「訪日外国人の消費動向　訪日外国人消費動向調査結果及び分析」の各年次報告書を利用して作成したものである。

外部データについては，政府等公共団体が提供している場合は，ほぼ無料で提供されているが，民間の調査会社や研究機関等が提供しているデータに関しては，一部有料で提供している場合もあるため注意する必要がある。

（４）情報の収集

二次データで利用可能な情報が見つからなかった場合，一次データとして自社で情報を収集することが必要となる。情報収集の方法として，質問法（サーベイ調査），観察法，実験法の３つが挙げられる。

質問法は，一次データ収集に多く用いられる手法である。基本的に心理変数などは直接聞き取ることで情報を得られる場合が多い。また，質問内容を変えることで柔軟に情報を収集することができる。ただし，個人に直接質問して聞き取るため，本人が覚えていない場合やプライベートに深く関する質問だと情報を得ることが難しくなることもある。また，調査員のバイアスがかかる場合も考えられる。

実際の調査には，郵送調査，電話調査，面接調査，オンライン（インターネット）調査が主に使われる。各調査にはメリットとデメリットが存在する。内容については，図表３－７のとおりである。

観察法は，実際に起こっている人々の行動や状況について観察し，データを収集する方法である。よく使われるのが，新規出店時の候補地における交通量調査等である。近隣の環境やその周辺の顧客の行動の調査は，現場で観察することで情報収集することが望ましい。

観察法の１つに，エスノグラフィー調査がある。これは，ただ観察するだけでなく，自らがその生活や活動に参加し，その中で観察する方法である。この調査手法は，文化人類学でしばしば採用されてきたもので，少数民族等の異文化や他者が対象となっており，実際にその民族と生活や行動をともにして，イ

図表３－７　質問法における各調査比較

	郵送調査	電話調査	面接調査	オンライン調査
質問の柔軟性	×	○	◎	○
回収できるデータ量	○	△	◎	○
データの回収速度	×	○	○	◎
データの回答率	×	×	○	○
調査にかかるコスト	○	△	×	◎

出典：著者作成。

ンタビューや経験したことを書き留めるような調査である。顧客と同じ環境の中で行動をともにすることで，詳細な顧客の行動を観察することができる。

実験法は，例えば，製品の価格を下げることで販売量が上がり，その販売量が増えたことで売上が増えるかどうかを検証するなど，自社における変数を変えることで実証実験を行い，仮説を検証することができる。特に，因果関係にある対象の情報収集に効果的である。

（5）母集団とサンプリング

マーケティング・リサーチの中で，一次データ等の収集を実施する際は，正確なデータを収集するため，母集団と呼ばれる調査対象全体，つまり，全数調査を実施することが理想ではあるものの，これには多くのコストと時間がかかってしまう。そのため，母集団の中から抽出されたサンプルに対して調査等を実施し，データ収集を行う。理想的なサンプルの場合は，その母集団の特性を正確に推測できるような縮図となる。サンプリングの種類は，図表３－８のとおりである。

（6）情報分析

収集した情報を用いて分析する手法である傾向変動分析と相関分析とについ

図表３－８　サンプリングの種類

	抽出法	特徴
確率的サンプリング	単純無作為抽出法	ある一定の確率で無作為に抽出する。
	層化抽出法	年齢や職業等の重複しないグループに分けて，それぞれのグループから無作為に抽出する。
	二段階無作為抽出法	重複しないグループから無作為にいくつかのグループを選び，それぞれのグループから無作為に抽出する。
非確率的サンプリング	便宜的抽出法	最も情報を入手しやすい対象者を抽出する。
	判断的抽出法	情報を収集する上で，最適であると判断される対象者を抽出する。

出典：著者作成。

て紹介しておく。

傾向変動分析は，過去の実績データを基にして，過去から現在までの全体の傾向を分析し，その傾向が今後もほぼ同じで推移する前提で将来予測をするものである。ある程度の予測で良い場合またはその市場が周辺の環境の影響を受けない場合は，この予測は利用可能であろうが，影響を受ける場合は，新しい変数が加わってしまうので，適切な分析結果にはならないため注意が必要である。

相関分析は，2つのデータに強い関係があるのかを計算して数値化する分析手法である。相関係数が1に近づくほど正の相関関係が強く，−1に近づくほど負の相関関係が強くなる。また，0に近づくほど相関が無い状況となる。負の相関の場合，Aが増えると同じようにBが減るといった関係となり，その関係を自社のマーケティング活動にうまく取り込むことができる。例えば，その地域における競合店舗が増えれば，自社の売上高が減るといった相関関係があれば，その地域における競合店舗数が何店舗までは，自社の経営が耐えられるといった予測ができることになる。

相関分析等の分析手法は，グラフや数式等がネックとなり，受け入れにくい面があることは否めない。しかし，現在では，Excelの中にも関数が組み込まれており，関数を選んで数値データを入れるだけで，相関関数が計算されるようになっており，自宅でも簡単に分析が可能となっている。

主要参考・引用文献

恩藏直人（2019），『マーケティング＜第2版＞』，日本経済新聞出版社.

観光庁（2016），『訪日外国人の消費動向　訪日外国人消費動向調査結果及び分析　2015年　年次報告書』.

観光庁（2017），『訪日外国人の消費動向　訪日外国人消費動向調査結果及び分析　2016年　年次報告書』.

観光庁（2018），『訪日外国人の消費動向　訪日外国人消費動向調査結果及び分析　2017年　年次報告書』.

観光庁（2019），『訪日外国人の消費動向　訪日外国人消費動向調査結果及び分析　2018年　年次報告書』.

観光庁（2020），『訪日外国人の消費動向　訪日外国人消費動向調査結果及び分析

2019年　年次報告書』.
フィリップ・コトラー，ゲイリー・アームストロング，恩藏直人（2014），『コトラー，アームストロング，恩藏のマーケティング原理』丸善出版.
和田充夫，恩藏直人，三浦俊彦（2016），『マーケティング戦略＜第5版＞』日本経済新聞出版社.
観光庁 HP：https://www.mlit.go.jp/kankocho/（2020年7月18日アクセス）.

（田上 衛）

第4章

ホスピタリティ産業の企業戦略と競争戦略

1 はじめに

企業にとって重要なことは，社会的に有意義な存在として経営し続けるということである。ところが，将来になにが起きるかは誰にもわからない。そこで，不確実性の高い将来に向けて，いかにして企業が成長，あるいは存続していくかの方向づけが必要とされ，それが戦略ということになる。

戦略に関する古典的な研究としては，チャンドラー（Alfred D. Chandler. Jr.）による「企業の基本的長期目標・目的の決定，とるべき行動方向の採択，これらの目標遂行に必要な資源の配分」という定義が挙げられよう。「組織は戦略に従う」という言葉で有名な，企業の多角化とその管理に関する研究である。これは後に事業構造についての戦略としてとらえられるようになった。

そして，アンゾフ（Igor Ansoff）は，この考察により実践的な方向性からアプローチし，企業の意思決定を「戦略的決定」，「管理的決定」，「業務的決定」の3つに分類した。この時代には特に米国における企業の成長には多角化が果たす役割が大きく，その視点からの研究が主軸となっていたことが理解できる。製品－市場の軸による成長マトリクスが有名である（図表4－1）。

その後，多角化した事業をいかに管理していくかという問題意識が芽生えはじめることになるが，それに対する答えが「プロダクト・ポートフォリオ・マトリクス（以下，「PPM」という）」という手法である。PPMによって，企業における複数の事業は，市場成長率と市場における相対シェアの2軸によって分類され，それぞれに対応策が示されることになった（図表4－2）。なお，軸に用いられる尺度はいくつかのパターンが存在する。

図表4－1　アンゾフによる製品－市場マトリクス

	既存製品	新製品
既存市場	市場浸透	新製品開発
新市場	新市場開拓	多角化

出典：Ansoff（1965）をもとに著者作成。

図表４－２　BCGマトリクス

市場成長率	高い↑	花形 (star)	問題児 (problem child)
	↓低い	金のなる木 (cash cow)	負け犬 (dog)
		高い←	→低い
		相対的市場シェア	

出典：水越（2003）をもとに著者作成。

その後に，事業面の競争における対応を検討する競争戦略論や，ミンツバーグ（Mintzberg）による「実現された戦略」といった考え方が提唱されることになる。こうした先行研究の系譜は，産業の成長と軌を一にしており，その点からは，メーカーや小売より一歩遅れて成長をし続けているホスピタリティ産業においても適用可能である。以下では，こうした戦略における研究成果とポイントについて論じていく。

2 企業理念とミッション

旅行者がホテルを選ぶ際，選択肢として気にするのは立地，部屋の広さ，宿泊費，付帯施設，アメニティなどさまざまな観点が考えられる。しかし，そのホテルがどのような企業理念をもって営業しているかを気にする宿泊者はそう多くはないだろう。例えば下記にいくつかの宿泊施設の企業理念（経営理念）を取り上げる。

■帝国ホテル

創業の精神を継ぐ日本の代表ホテルであり，国際的ベストホテルを目指す企業として，最も優れたサービスと商品を提供することにより，国際社会の発展と人々の豊かでゆとりある生活と文化の向上に貢献する。

■ホテルオークラ

「親切と和」

■東急ホテルズ

自立と共創により，総合力を高め，信頼され愛されるブランドを確立する。

■加賀屋

笑顔で気働き

■大江戸温泉物語

日本古来より親しまれている温泉を通じて，お客様を笑顔にする

「企業理念」もしくは「経営理念」は，企業を経営するにあたっての企業の姿勢を示したものであり，企業のもつ哲学やその精神について示されたものである。今回の例に挙げたように，文章化したもの，概念的なもの，顧客に訴えるもの，社内に訴えるものなど，その記し方は企業の個性が表れておりさまざまである。社是（しゃぜ）という言葉で表現されることもある。

一方，欧米の企業においては経営理念よりも具体的な内容を示した「ミッション」を掲げる企業が多い。「ミッション」とは自社の存在意義を簡潔に示したものといえ，例えば外資系ホテルであるヒルトンのミッションは「世界で最もおもてなしの心に溢れた企業であること」とされている。また，日本を発祥としているホテルにもミッションを掲げている施設はもちろん存在する。例えば，ソラーレホテルズアンドリゾーツのミッションは，「街と共に，お客様の人生をより楽しく，より豊かに。」とされている。このように，企業は自らがどのように振舞うかという姿勢を企業理念やミッションという形で示しており，これが戦略構築の大前提ということになる。

3 戦略経営プロセス

（1）戦略経営プロセスの概略

それぞれの企業がいかに社会の一員として自らの企業活動を具体化していくかということが企業戦略である。企業が自らの事業について定義し，どのよう

図表４－３　戦略経営プロセス

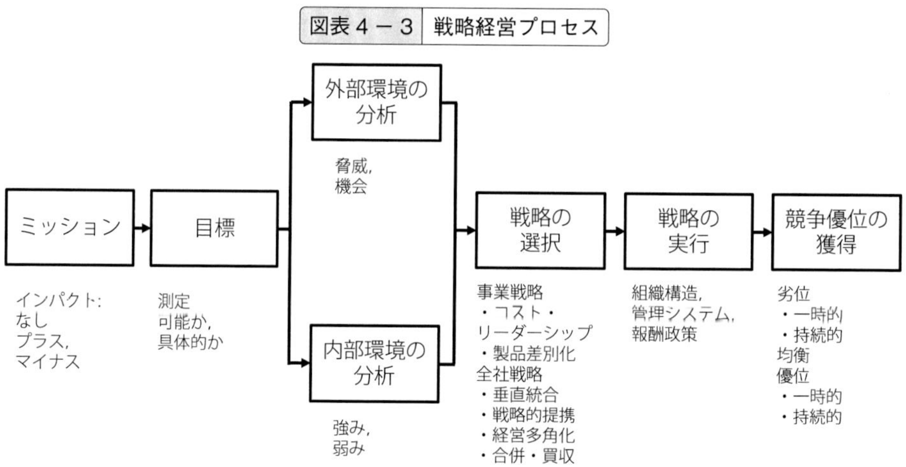

出典：Barney & Hesterly（2021），p.27。

に実践していくかということになる。上記の企業理念を並べてみても，理念を読んだだけではその施設がどのようなものであるかは想像することが困難であろう。この理念に基づき具体化していく方針が戦略といえる。この戦略についてBarney & Hesterly（2021）は，「ある企業が持つ，競争優位を獲得するためのセオリー」と定義している。良い戦略とは競争優位を生じさせる戦略であり，そのために企業は行動を定めていく。この戦略経営についてのプロセスを示したのが図表４－３である。

企業はまず長期的目標となるミッションを策定する。ミッションは前述したとおり，自社の存在意義を簡潔に示したものであり，企業目的や価値観のような大きな観点から策定される。そしてミッションの達成度を評価するための指標として目標を設定する（ビジョンといわれることもある）。ミッションを策定したとしてもその実行が正しくなされたかどうかを評価するためには，行動の指標となるように適切な目標を定めることが重要である。

（２）外部環境分析

次に外部環境と内部環境についての分析が行われる。企業はまず自らが直面している脅威や機会について理解する必要がある。そのためには企業がどのよ

図表4－4　一般的外部環境

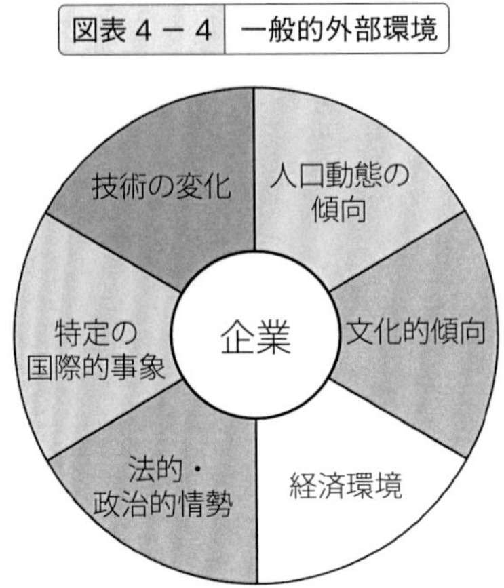

出典：Barney & Hesterly (2021), p.58。

うな環境で経営活動を行っているか外部の状況を知る必要がある。それが一般的外部環境である。一般的外部環境は，技術の変化，人口動態の傾向，文化的傾向，経済環境，法的・政治的情勢，特定の国際的事象の6つの相互連関的な要素によって構成される（図表4－4）。

この一般的外部環境の分析は戦略経営プロセスには欠かせないが，こうした一般的な分析の他にも，業界構造など個別の企業の状況に応じた分析をする必要がある。そこで業界構造（structure）が企業行動（conduct）の選択肢や業界・企業の業績（performance）を規定するのがSCPモデルである（図表4－5）。このフレームワークでは，企業の収益性はその企業がおかれた環境に左右されるととらえている。業界構造が厳しければ利益を上げることは困難であり，逆に業界環境が良好であれば，多少企業の活動が緩かったとしても，収益性は厳しくならないとしている。

そして，このSCPモデルを元にして，企業戦略側の視点からフレームワークを組み立てたのがPorter（1980）の「5つの競争要因」である。利益を巡る競争は，「既存企業同士の競争」を超え，「顧客」，「サプライヤー」，「将来の新規参入者」，「代替品」にまで広がる（図表4－6）。そして，企業の収益性の要素を測るうえではこれらの競争要因の視点から業界の基本構造を分析する必要

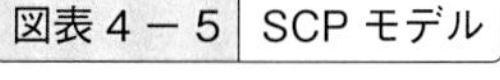
図表４－５　SCP モデル

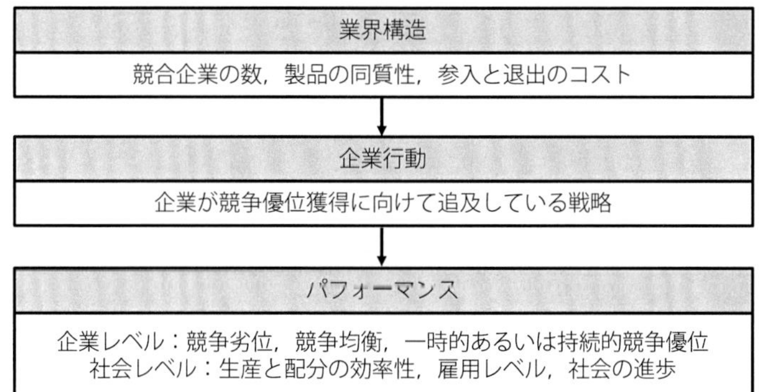

出典：Barney & Hesterly（2021），p.65。

図表４－６　５つの競争要因

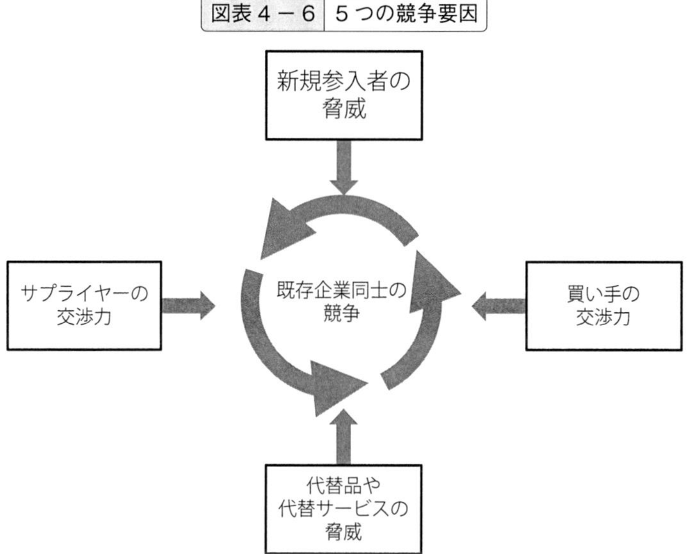

出典：Porter（2008），p.38。

があるとしており，ファイブフォース分析と呼ばれている。

ポーター（Porter）は，５つの競争要因が激しく作用する航空，繊維，ホテルなどの業界においては投資に見合う収益を上げる企業はまれであるとし，一方でソフトウェア，清涼飲料，トイレタリーなどの競争がさほど激しくない業界は多くの企業が儲けを手にすることができるとしている。つまり重要なのは業界そのものがどうかということではなく，業界の基本構造が競争と収益性を決めるとしている。短期的な収益性には天候や景気循環などのさまざまな要因が影響するが，中長期的な収益性を決定づけるのは，業界構造であるとしている。ホスピタリティ産業であるホテルは収益性が厳しい産業であり，より一層戦略が重要となってくることが理解できる。

（3）内部環境分析

企業の現状について，組織の内部の観点からレビューするのが内部環境分析である。企業が経営資源としてどういったものを保有しているのか。どういった強みをもっているのかということを把握することが，企業戦略を策定するうえで重要になる。この「強み」を指す代表的な用語として，コア・コンピタンスとケイパビリティが存在する（図表4－7)。

①　コア・コンピタンス（core competence）

コア・コンピタンスは企業の中核となる強みのことをいう。中核となるということは，競争相手との絶対的な位置関係や差異が重要であり，単に自社の得意分野であるというだけではなく，どの程度競争相手に対してアドバンテージをもっているかが重要である。宿泊施設でいえば，単に「従業員のおもてなしが自慢である」ということではなく，外国語を話すことができる従業員が100％であるとか，全室露天風呂付の客室であるとか，明確に表現できること

図表4－7　コア・コンピタンスとケイパビリティの差異

	コア・コンピタンス	ケイパビリティ
バリューチェーンとの関連	個別の機能と関連 (特に技術開発や製造)	バリューチェーン横断的
強く連関するプロセス	戦略策定	戦略遂行
外部からの見え方	一見明確 (背後のメカニズムは複雑)	見えづらい

出典：グロービス経営大学院（2017），p.57。

が必要となる。

コア・コンピタンスの評価は模倣可能性，移転可能性，代替可能性，希少性，耐久性の５点について考える必要があり，前者の３点についてはそれが小さいほどコア・コンピタンスとしての強度が増し，希少性と耐久性が高いほど優位性が高くなる。

② ケイパビリティ（capabilities）

ケイパビリティは自社の管理下にある他の経営資源の潜在力を最大限活用するための有名・無形の資産と定義されている。つまり，ケイパビリティ単独では，企業は戦略を策定，実行することができない。ケイパビリティは他の経営資源を戦略の起案と実行に用いることを可能にさせる資源といえる。

多くの組織が連携して事業を推進しているホスピタリティ産業においては，このケイパビリティの強化が経営体質の強化につながりやすいのではないだろうか。

（４）戦略の選択

ミッションと企業目標が定まり，外部環境と内部環境の分析をすることにより，企業は戦略を選択することができる。企業はその対象や範囲の違いにより，段階ごとに戦略設定を行うことになる。大別すると企業全体の経営ビジョンなどにも関わり，事業の基本構成と方向付けを行う企業レベルの経営戦略である「企業戦略」（企業内の資源配分などもこちらに含められることが多い）と，企業が特定の市場や業界において競争優位を獲得するために行う「事業戦略」（論者によってはこれを「競争戦略」ともいう）とに分けられる。

企業戦略における５つの競争要因を提唱したポーターは，企業が競争優位を築くためには大きく分けて３つの戦略があるとしている（図表４－８）。

① コスト・リーダーシップ戦略

業界の幅広い市場をターゲットとし，大量生産・大量販売によるコスト面における競争優位に主眼を置く戦略である。同程度の製品やサービスであれば，

図表4－8 ポーターによる3つの基本戦略

		競争優位の源泉	
		低コスト	差別化（独自性）
競争の範囲	広い	コスト・リーダーシップ	差別化
	狭い	集中 （コスト集中← →差別化集中）	

出典：徳江（2019），p.142。

もっとも低コストで消費者に提供できる状況を作ることを目指している。この戦略は宿泊施設よりも，OTA（Online Travel Agent）でその戦略を見ることが多い。ただ，マリオットやヒルトンのようなメガ・チェーンでは，運営コストにおいてコスト・リーダーシップが利くこともある。特に，IT化が進展した昨今は，会員組織の運営上，このコスト・リーダーシップ実現の可能性が高い。

② 差別化戦略

ターゲットは幅広く狙いながらも，低コストで提供するのではなく，ホテル独自の付加価値を提供することにより他社との差別化を目指す戦略のことをいう。対価を払ったとしても顧客がサービスを受けたいという価値を提供しているともいえる。朝食に特徴をもたせたり，全館を統一したコンセプトで装飾したり，全室にマッサージチェアを配置するなど，どのように差別化を図るかはアイデア次第であり，可能性は無限にある。

③ 集中戦略

これまでの2つの戦略は，ターゲットとする範囲は広かったが，そうした幅広いターゲットを相手にするのではなく，地域や顧客のセグメントなど，狭いターゲットに経営資源を集中し，一位を狙う戦略である。例えば大人のみが宿泊できる施設や逆に家族連れのみに対応した施設，ペットと泊まれる施設など，対象を絞ることにより競争優位の獲得を目指すことが考えられる。

（5）戦略の選択における留意点

環境分析を行ったうえでの戦略策定であり，策定時には有効だったとしても，外部環境や内部環境は変化するものであり，経営環境が変われば有効性を喪失することを理解しておく必要がある。例えば旅館の食事提供について，以前は価値があるとされていた「部屋出し」と言われる顧客の寝室での夕食が，最近では個室会場での提供に変化してきている。この個室会場での提供も，今後はもしかしたら施設外での食事に変化するかもしれない。

また，差別化戦略をとったとしても，それ以外の要素をないがしろにしてよいというわけではない。企業としてあるべき姿というものはきちんと整えておくべきであろう。

4　競争戦略の具体例

ホスピタリティ産業における特徴的な事例として，アジアのスモール・ラグジュアリーを挙げる。1990 年前後まで，世界のマリン・リゾートにある施設はほとんどが大規模であり，中には「メガ・リゾート」と呼ばれる施設も存在した。そうした状況の中で，アジアでは「スモール・ラグジュアリー」と呼ばれる小規模で細やかなサービスを提供する施設が出現してきた。

これらの施設はきめ細かなサービスを享受できるのであれば，その価格は厭わないという客層のみに対応しており，専用のプールをもち，1 室が 100 ㎡以上あるようなヴィラ形式の建物に宿泊することが多い。設備は最新であるが，立地は多様で，中には辺境といっても良いような場所に立つ施設も多く存在する。また，建物は地元の伝統的な建築様式で建てられることが多く，地域の環境や歴史に配慮した運営をしている施設も多い。

これらに共通しているのが，その土地の良さを最大限に引き出した施設と，その土地でしか味わえない料理を含むその地に住む従業員によるサービスの提供である。このように尖ったコンセプトをもった宿泊サービスを提供するのは，これらのスモール・ラグジュアリーがもつ価値観を理解できる旅行者のみを顧客として認め，来訪してほしいと考えているためである。また，このようにして来訪できる顧客が限定される施設は，施設が提供したいと考える雰囲気を維持することができるであろう。

また，前述したように大規模なチェーンはコスト・リーダーシップを志向することが多いが，メガ・チェーンのように非常に規模が大きくなると，複数の事業ごとにコスト・リーダーシップや差別化，集中を使い分けるケースも多くなってきている。特に，マリオットやヒルトンは，それぞれ基幹ブランドを含む事業ではコスト・リーダーシップを追求しつつ，差別化や集中を志向する事業も同時に展開していたりもするのである。

主要参考・引用文献

Ansoff, I. (1965), *Corprate Strategy*, McGraw-Hill.（広田寿亮訳（1977），『企業戦略論』産業能率短期大学出版部.）

Barney, J. B. & W. S. Hesterly (2020), *Strategic Management and Competitive Advantage: Concepts*, 6th. Ed., Pearson.（岡田正大訳（2021），『［新版］企業戦略論【上】基本編 戦略経営と競争優位』ダイヤモンド社.）

Chandler, A. D. Jr. (1962), *Strategy and Structure*, MIT Press.（三菱経済研究所訳（1967），『経営戦略と経営組織』実業の日本社.）

Mintzberg, H. (1994), *The Rise and Fall of Strategic Planning*, The Free Press.

Porter, M. E. (2008), *On Competition, Updated and Expanded Edition*, Harvard Business Review Press.（竹内弘高訳（2018），『［新版］競争戦略論Ⅰ』ダイヤモンド社.）

相葉宏二，グロービス経営大学院（2013），『［新版］グロービスMBA事業戦略』ダイヤモンド社.

グロービス経営大学院（2017），『［新版］グロービスMBA経営戦略』ダイヤモンド社.

徳江順一郎（2019），『ホテル経営概論 第2版』同文舘出版.

徳江順一郎（2022），『ホスピタリティ・マネジメント 第3版』同文舘出版.

水越豊（2003），『BCG戦略コンセプト―競争優位の原理―』ダイヤモンド社.

（羽田 利久）

第5章

観光・ホスピタリティ製品
—製品ライフサイクルと
市場地位

1 はじめに

本章では，観光・ホスピタリティ製品を造成し，流通とは異なる次元で考察することから，観光・ホスピタリティ商品ではなく，観光・ホスピタリティ製品と記述する。

まず，観光・ホスピタリティ製品とは，ニーズとウォンツ（欲求）を満たすために「束ねた（バンドル）内容」となって組み合わされた，厳選されたコンポーネントや要素のグループであるという考え方を紹介する。第3節では，観光製品の3つの領域（中核製品，有形製品，拡張製品）に注目する。次の節では，製品企画に焦点を当て，まず5つの基本的な市場／製品オプションについて説明し，次に特徴／ベネフィット分析の有用性について論じる。製品ライフサイクルモデルの批評に続き，観光・ホスピタリティ分野の組織が利用できるさまざまなポジショニング戦略について議論する。観光におけるブランディングの詳細な分析は，ブランドとしてのシェフの成長を論じるケースによって裏付けられている。第7節では，パッケージングの概念に注目し，最後の節では，新製品開発と，企業が新製品や新サービスを開発する際にたどりうるさまざまな理論的段階について考察する。

なお，本章はHudson（2008）を参考にまとめた。

2 観光・ホスピタリティ製品

（1）観光・ホスピタリティ製品の概略

観光・ホスピタリティ製品は，ニーズやウォンツ（欲求）を満たすことを目的に統合した観光要素のまとまりで，製品単体というよりも，製品とサービスが組み合わされた総体を指している。

製品の決定は，観光事業やホスピタリティ事業の経営にとってあらゆる意味をもち，マーケティング・ミックスだけでなく，企業の長期的な成長戦略や投資・人材に関する方針にも影響を及ぼす。製品の仕様は，組織が既存顧客や見込み顧客の心の中に描くことのできる企業イメージやブランド・イメージを大きく左右する（Victor et al.（2001）より）。観光関連事業には，宿泊施設，アトラクション，交通機関，旅行主催者，DMOなどが含まれる。観光・ホスピタリティ製品を，観光客のニーズとウォンツ（欲求）を満たすためにまとめた，選りすぐりのラインナップとして提供することは，マーケティング担当者が取り組むべきイメージづくりである。

（2）製品領域

製品の提供領域は，3段階に区分することができる。この3つの領域は以下の通りである。

① 中核製品：製品が提供する基本的なニーズを充足する機能。例えば，鉄道の中核製品は輸送である。

② 有形製品：スタイル，品質，ブランド名，デザインなど，製品そのものがもつ具体的な特徴やメリット。例えば，JR九州の特急「ゆふいんの森」号は，欧州的なフォルムに森の豊かさが感じられる美しい外観で特徴を出している。

③ 付加価値製品：製品自体にはない付加価値だが，購入の意思決定に影響を与える可能性がある。付加機能には，クレジット条件，アフターセールス保証，駐車場などがある。「ゆふいんの森」号では，運転席後方から森の景色を前面展望でき，座席横の大きな窓から車窓を愉しみ，沿線の特産物メニューが提供される。

これら3つの領域で製品コンセプトを構成することによって，マーケティング担当者は，自社製品と他社製品の比較優位性と消費者への訴求力を追求することができる。競争の激しい市場においては，どのサプライヤーも中核となるベネフィットの点で優位に立つのは難しいが，有形ないし拡張製品で差別化することが可能となる。例えば，ほとんどのテーマパークは，消費者に興奮とスリルを提供するが，乗り物の種類と質，あるいは，周遊環境の質で差別化する。

（3）物的証拠とサービススケープ

多くの観光サービスやホスピタリティ・サービスは無形であるため，顧客はしばしば，購入前にサービスを評価し，消費中や消費後にサービスに対する満足度を評価するために，有形の手がかり，つまり物的証拠に頼ることになる。物的証拠とは，サービスが提供される環境，企業と顧客が相互作用する環境，およびサービスのパフォーマンスやコミュニケーションを促進するあらゆる有形の構成要素である。物的施設はしばしばサービススケープ（サービスが提供される環境，企業と顧客が相互作用する環境，およびサービスのパフォーマンスやコミュニケーションを促進する有形の成分）と呼ばれ，ホテル，レストラン，テーマパークなどのホスピタリティ製品にとっては，体験属性が非常に重要である。

例えばディズニーランドは，サービススケープを効果的に使って顧客を興奮させている。色鮮やかなディスプレイ，音楽，乗り物，着ぐるみのキャラクターはすべて，顧客がディズニーで楽しく過ごし，時にはエキサイティングな気持ちを感じられる仕掛けである。また，パレスホテル東京のサービススケープの要素は，皇居に面している日本の象徴と調和した佇まいや内部の設えと，日本の伝統文化を体感できる接客サービス，コンシェルジュによる周辺地域への誘いは，宿泊客にユニークな体験を提供してくれる。

物的証拠の一般的要素は，図表5－1の通りである。これらには，外的属性

図表5－1　物的証拠の各要素

サービススケープ設備の外観	サービススケープ設備の内装	他の有形物
駐車場	レイアウト	ユニフォーム
景観	設備	名刺
サイネージ	サイネージ	文房具
外装のデザイン	空調	請求書類
	内装のデザイン	カタログ
	ライティング（採光）	ウェブサイト
		従業員のドレス

出典：著者作成。

（駐車場や景観など）と内的属性（デザイン，レイアウト，設備，内装など）の両方を含め，顧客に影響を与える組織のサービススケープのあらゆる側面がある。

消費者行動の研究者によると，サービススケープのデザインが顧客の選択，期待，満足，その他の行動に影響を与えるという。小売業者は，顧客が匂い，内装，音楽，レイアウトに影響されることを認識している。北米のファストフード・チェーン，アービーズは，他のクイックサービス店よりも質の高い店というポジションとして認識してもらえるようにサービス空間を演出している。カーペット敷きの床，クッション性のある座席，他店より「優れた」内装など，アービーズのインテリアの雰囲気は，来店客を惹きつけることに貢献していると同社は考えている。職場環境のデザインは，従業員の生産性，モチベーション，満足度にも影響を与える。多くの観光業やホスピタリティの現場での課題は，顧客と従業員のニーズや嗜好を同時にサポートできるような空間をデザインすることである。

サービス企業の従業員や顧客は，物的環境に対して認知，感情，生理面から3つの反応を示し，これらの反応はその環境における行動に影響を及ぼす。第一に，知覚されたサービススケープは，その場所に対する人々の信念や，そこにいる人々や製品に対する信念を通じて，認知的な反応を引き起こす可能性がある。例えば，ある消費者調査では，旅行代理店のオフィスの装飾が，旅行代理店の行動に対する顧客の理解に影響を与えることがわかった（Bitner（1990）より）。また，知覚されたサービススケープは感情的な反応を引き起こし，それが行動に影響を与えることもある。色彩，装飾，音楽，その他の雰囲気の要素は，その場にいる人の気分に説明のつかない，時には無意識のうちに影響を与えることがある。Russell et. al（1981）によると，心地よくて興奮させるようなサービス風景は刺激的であり，逆に，心地よくて興奮させない，あるいは眠気を誘うようなサービス風景は「リラックス」を感じさせてくれる。覚醒させるような不快なサービス風景は「苦痛」につながり，不快で眠気を誘うようなサービス風景は「陰鬱」である。さらに，サービススケープは純粋に生理的な方法で人々に影響を及ぼすことがある。大きな騒音は身体的な不快感を引き起こし，部屋の温度に応じて震えや発汗を引き起こし，空気の質は呼吸を困難にし，照明のまぶしさは視力を低下させ，身体的な痛みを引き起こすかもしれない。これらの生理的反応はすべて，人が特定の環境にとどまり，その場を楽しめるかどうかに影響を及ぼす。

こんにちの消費者は体験を欲しており，より多くの企業が，テーマを設けたサービススケープで体験を明確にデザインすることで，それに応えている。

USJでは，2001年のオープン時には，年間1,100万人を超えた入場者数も，映画主軸のエンターテインメントだけでは集客力に限りがあり，リーマンショック後には700万人台前半にまで落ち込んでしまった（プレジデント（2014）より）。

そこで，ターゲットとして手薄であったファミリー層にフォーカスし，関西以外からの誘客を展開し始めた。投下できる資本に限りがあったため，最初は，家族にも人気のあった「ONEPIECE」を使ってプレミアムショーを展開した。さらに，ホラーを強化したハロウィーンのイベントを実施し，大きな集客に成功した。子供向けエリアを新設して，従来注目されていなかったエルモ，スヌーピー，ハローキティに光を当てた。

現場を何度も見て，逆転の発想で，後ろ向きに走るジェットコースターを思いつく。結果，他のリノベーション事業との相乗効果も働き，1,000万人の入場者数に戻した。そして，仕上げは，ハリーポッターの導入によって，1,270万人という開業以来の入場者数を記録するに至った（森岡（2016）より）。

3 製品計画ー製品ミックス

観光組織が下すべき最も基本的な決定は，どのような事業を行うか，そしてどのように製品ミックスを適切に設定できるかである。製品ミックスとは，組織が1つの市場または複数の市場に提供する製品のポートフォリオを意味している。

Seaton & Bennett（1996）によれば，次の5つの基本的な市場・製品の選択肢が存在する。

① 複数の市場をもち，それぞれに複数の製品ミックスを提供する（例：さまざまな市場セグメントに対して，複数の目的地を網羅した幅広いパッケージを

提供するマス・ツアーのオペレーター）

② 複数の市場があり，それぞれ単一製品である（例：ビジネス・クラスとエコノミー・クラス向けの座席をもつ航空会社）

③ 複数の市場で，すべてに単一の製品を提供する（例：JNTO のように国をプロモーションする観光組織）

④ 単一市場で，複数の製品を組み合わせたもの（例：裕福で教養のある市場を対象としたさまざまな文化ツアーを提供する専門旅行会社）

⑤ 単一製品を扱う単一市場（例：超富裕層をターゲットにしたヘリ・スキーのオペレーター）

どの製品ミックスの選択肢を採用するかについての決定は，さまざまな市場における消費者需要の強さと価値，各市場における競争の領域，市場に適切にサービスを提供するための組織の特徴的な能力など，多くの要因に左右される。したがって，製品分析とプランニングは，観光組織の目標と製品能力との関連における，消費者と競合の提供物の分析からはじまる。ここで製品のポートフォリオと SWOT 分析を行い，その特徴とベネフィットも検討する。特徴とは観光製品の客観的属性からなり，ベネフィットとは製品が消費者に与える報酬である。両者の違いは図表５－２の通りである。

香港国際空港は最近，５万人以上の旅行者を対象とした調査で世界一の空港に選ばれた。その理由の１つは，空港の特徴と利用者に提供する便益にある。

図表５－２　観光とホスピタリティ製品についての特徴と便益の分析

観光製品のアイテム	製品特性	消費者にとっての便益
低価格のエアライン	低いサービス・領域	低価格での旅行
スキー専用のリゾート	全リフトがホテルの客室に隣接	スキーを履いたまま出入りできる施設
ミュージアム	双方型の学習設備	エンターテインメント施設
川のアドベンチャー・ツアー	上質なカヤックとラフティング	自然の力と再び結びつく
５つ星ホテル	上質なベッド	快適で心地良い夜の睡眠

出典：著者作成。

珍しい白茶から携帯電話まで何でも揃う売店のほか，無料で視聴できるプラズマテレビ，子供用プレイエリア，無線ブロードバンド，インターネットカフェ，祈祷室，薬局，仮眠室，美容室，シャワー施設，メディカルセンター（敷地内に予防接種やレントゲン装置を完備），香港の博物館の展示品などがある。

4 製品ライフサイクル

（1）製品ライフサイクルとは

もっとも基本的な製品分析ツールの1つは，製品ライフサイクル（PLC）分析である。製品やサービスがPLCのどの段階にあるかを特定することは，製品の過去と現在の位置づけを確認し，将来に向けた予測を立てる貴重な方法である。ポートフォリオ分析の一環として，組織は，製品ライフサイクルにおける位置づけの観点から，各製品やサービスにアクセスする必要がある。製品開発は，企業が新製品のアイデアを見つけることから始まる。

導入期は，製品導入のための投資が必要なため，売上が伸び悩み，利益も低い時期である。

成長期は，市場に受け入れられ，利益が大幅に改善されることを特徴とする。

図表5－3　PLC：製品の誕生から終焉までの売上と利益

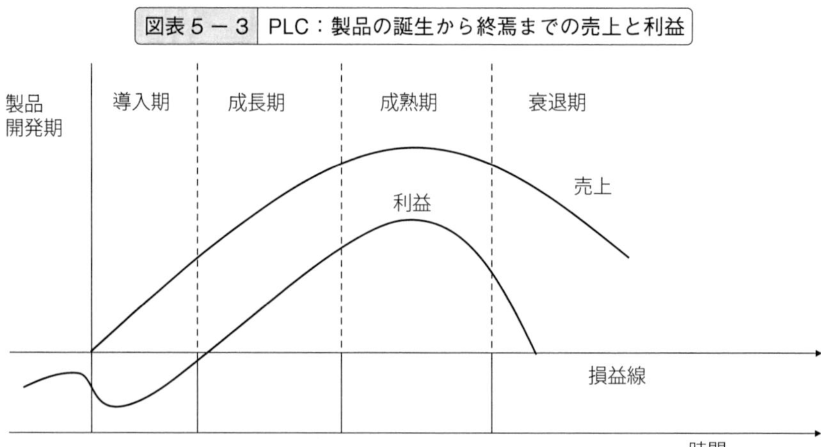

出典：Hudson（2008）に著者が加筆修正。

成熟期は，製品が市場に定着し，市場シェアが許容範囲に達しているため，高収益を特徴とする売上低迷期である。

しかし，競合他社が市場に参入したことにより売上が下がり始めると，製品は衰退期に入る。利益と市場シェアが低下し，製品の再開発，改修，維持に大きなコストがかかることもある。

（2）製品ライフサイクル分析

製品やサービスがライフサイクルのどの段階にあるかを特定するためにプロットする方法であり，製品の過去と現在の位置を確認し，将来について予測するための貴重な方法である。

PLC の導入段階では，新製品を消費者に知らせ，購入を促すために，販促費がかさむ可能性が高い。企業は，購入準備が整った買い手，通常は高所得者層への販売に注力する。価格は，生産量の少なさ，生産上の問題，販促コストの高さ，その他経費の高さなどから，高値になりがちである。成長段階では，初期採用者が購入を続け，後発の購入者は，好意的な口コミに後押しされて，彼らの後を追うようになる。競合他社は，利益のチャンスに惹かれて市場に参入し，市場を拡大するような製品機能をさらに導入する。成長期では，組織は高い市場シェアと高い経常利益のトレードオフに直面する。製品の改良，プロモーション，流通に多額の投資をすることで，支配的な地位を獲得することができる。

売れ行きが鈍り始めると，製品は成熟期に入る。前の２段階より長く続き，ほとんどの製品やサービスがこの段階にあり，激しい競争が特徴的な段階である。売上を伸ばすには，競合から顧客を引き離すしかないため，価格競争や激しい広告宣伝が一般的である。この段階では，積極的な製品管理者は，市場または製品を変更し，マーケティング・ミックスの要素に修正を加えることで，延命を図ろうとする。

衰退期には，市場に残る企業は，提供する製品の数を減らしたり，ターゲットの市場セグメントの数を減らしたりする。また，販促予算や価格を引き下げることもある。衰退していく製品ごとに，経営者はそれを維持するか，利益の上がる製品だけを残して他の製品を廃棄するかを決定しなければならない。

しかし，PLC は１つの物差しとして市場の現在地を把握することに利用するのは良いが，必ずしもすべての事象に当てはまるわけではない。例えば，ある製品が成長も衰退も示していなくても，市場全体が衰退していれば，その製品は大成功を収めるかもしれない。さらに，全体的に衰退している製品が，ある市場セグメントからは顧客を失っていても，別の市場セグメントでは魅力を増していたり，堅調に推移していたりする可能性もある。

スキー場のスキーヤーの数は減少しているが，スノーボーダー数は増加している。さらに，群馬県奥利根地方の片品スキー場のように，スキーヤーとファミリー層に特化したゲレンデづくりで，恒常的に集客に成功しているところもある。

一方で，PLC は，将来のマーケティング要件を評価するために，市場全体とその中のセグメントとの関連において，自社製品のトレンドを分析することを組織に強いることから重要な概念であることに間違いはない。デスティネーションの分析に関連する概念として，観光地のライフサイクルがある。

5 ポジショニングとの関係

(1) 観光・ホスピタリティにおけるポジショニング

ポジショニングは，製品計画の根幹である。ポジショニングの目的は，潜在的な顧客の心の中に特徴的な場所を作り出すことである。観光産業におけるポジショニングは，顧客の頭の中にデスティネーションや製品のイメージを喚起させるものでなければならない。効果的なポジショニングは，ビジネスのすべてのマーケティング機能を方向づけるものでなければならない。広告やプロモーションはもちろん，価格，製品，流通チャネルなどの決定も，すべてポジショニングの目標に沿ったものとする。多くの場合，こうしたマーケティング機能は，組織が作りたいイメージを反映したフレーズで説明されたポジショニング・ステートメントによって推進される。

(2) ポジショニング分析

Dev, Morgan & Shoemaker (1995) によれば，ホテルは市場シェアを拡大するため，独自の市場ポジションを確立しようとする。しかし，結局のところ，ポジションは顧客の目に映るものの中にある。そのポジションを見極めることは，ホテルのマーケティング戦略の有効性を判断する上で欠かせない要素である。彼らは，1990年代初頭の米国の経済不況化において，高級志向のホテル・チェーンが取ったマーケティング戦略に対して，顧客がどのように知覚したかを分析し，図表5－4のポジショニング・マップを示した。

図表5－4の1992年における高級志向のホテルの競争クラスターをみると，ヒルトン，ウェスティン，シェラトン，ハイアットは，経年変化がみられずポジションが一貫している。マリオットは大きく動いたが，ウェスティンには及ばないものの，再びハイアットと競争していると見られている。同様に，ラディソンもシェラトン，ヒルトンと競合している。

顧客の知覚を変容させるためのマーケティング戦略の投入によって，ポジションは変化する。例えば，マリオットはインセンティブ・プログラムとして，

図表5－4　市場での相対的地位：高級志向（1992年）

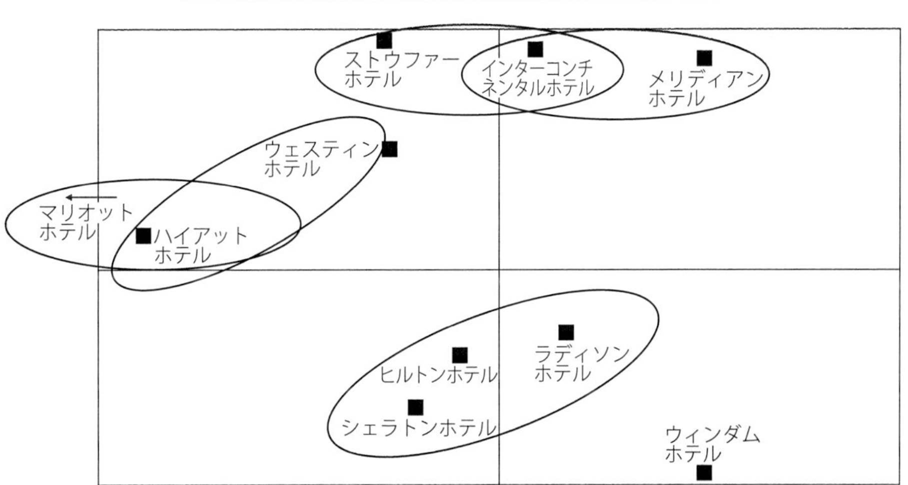

出典：Dev, Morgan & Shoemaker (1995) に著者が加筆修正。

フリークエント・ゲスト・プログラムやコーポレート・ディスカウント・プログラムを強化した。一方，ハイアットは全期間を通してかなり安定した地位を維持した。

6 ブランディング

ブランディングの実践は，パッケージ製品の分野で，他の製品との競争上の差別化に基づき，製品に独自のアイデンティティを確立する方法として発展した。ブランディングは一般的に，ネーミング，商標，パッケージ，製品デザイン，プロモーションを通じて達成される。ブランディングに成功すると，一般的な製品であったかもしれないものに独自のアイデンティティが与えられ，このアイデンティティは，消費者の心の中に一貫したイメージを生み出し，認知と品質保証を容易にする。

ブランディングは，一貫性と製品の標準化という問題に対する解決策を提供する。ブランディングは，サービスを統一化する手段であり，ホテル・マーケティングにおいて活用と発展が進んだ。調査によれば，宿泊予約の90％近くがブランド化されたホテル・チェーンで行われており，消費者の10人中9人は，チェーン，フランチャイズ・オペレーター，独立系それぞれのブランドを見て判別できる。

多種多様な施設をもつ大手ホテル会社にとって，ブランドでグループ化することには，以下のようなメリットがある。

① より認識しやすい小さなグループに統一する。

② 各ブランド・グループを，定義された市場セグメントにターゲティングすることができる。

③ 人事管理を含む製品提供を，特定の市場向けの特定のベネフィットの創出に集中させることができる。

世界には，きわめて多くのホテルブランドがあり，多くのホテル・チェーンがサブブランドや提携ブランドを展開している。特に，マリオット，ヒルトン，インターコンチネンタル，アコーといった，いわゆるメガ・チェーンは，傘下に多数のブランドを抱えている（Lovelock & Wirtz（2007）など）。

かつては，ブランディングは主にプロモーションの問題であり，広告や宣伝を通じて正しいイメージを作り上げることだと考えられていた。しかし，現在では，ブランディングを成功させるには，製品デザイン，価格政策，流通の選択，プロモーションを統合的に展開することが必要である。レストラン，ホテル，航空会社のブランディングは，1980～90年代にかけて米国で広範に展開され，世界の他の地域でも企業がこれに追随している。この勢いは，競争力を維持するためには，主要な1つの市場で一枚岩の存在感を示すのではなく，さまざまな市場に複数の製品を提供する必要があることを認識している大手の企業が牽引している。

Victor他（2001）は，観光業におけるブランディングには，次のような特別な利点があると指摘する。

① 不測の外部事象に対する中長期的な脆弱性を軽減させることができる。テロ攻撃や自然災害のような出来事の後の回復時間は，確立されたブランドほど短くなる可能性が高い。

② 無形製品の期待される品質や性能を示すことで，購入時点での消費者のリスクを軽減する。消費者に暗黙的または明示的な保証を提供する。

③ ある消費者セグメントを引き付け，他の消費者セグメントとは差別化することで，正確な市場細分化を容易にする。

④ ステークホルダーの努力，特に組織の従業員やデスティネーション・ブランドの個々の観光提供者の努力を統合するための焦点を提供する。

⑤ ブランディングは，観光における長期計画の戦略的武器となる。

7 パッケージング

観光・ホスピタリティ業界では，パッケージ化とは，2つ以上の関連・補完的なサービスを1つの価格にまとめて製品化することである。パッケージ製品には，宿泊，食事，アトラクションの入場料，エンターテイメント，交通費，ガイドサービス，その他同様のアクティビティなど多様なサービスがある。パッケージ製品は，消費者にワン・ストップ・サービスの利便性と価値を提供し，企業の収益性向上に寄与する。

国内では，（一社）日本旅行業協会主催で，「ツアーグランプリ」が開催されており，例えば，2023年度には以下のツアーが表彰されている（日本旅行業協会（2023）より）。

✪ 国土交通大臣賞　▸こころで旅するカナダ Tsunagari tabi ～コロナ後の新しい旅の提案～（（株）JTB）

【海外旅行部門】

✪ デジタル活用部門グランプリ　▸ME MIND Y 社公認「TharnType2 －7Years of Love－」ロケ地巡りオンラインツアー（ベルトラ（株））

✪ SDGs 部門グランプリ　▸空飛ぶ車いすを世界に届けようベトナム・ホーチミン5日間（（株）エイチ・アイ・エス）

【国内・訪日旅行部門】

✪ 観光庁長官賞　▸共存する人と森・山と人を繋ぐ「山の守り人」マタギ文化に触れる旅（（株）JR東日本びゅうツーリズム＆セールス）

✪ デジタル活用部門グランプリ　▸金沢周遊ラグジュアリーバス（（株）金沢アドベンチャーズ）

（資料から一部抜粋）

旅行者には，パッケージ製品を利用することで，次のようなメリットが生まれる。

① 旅行の予算が立てやすくなる：顧客は一度に支払いを済ませ，旅行の総費用を把握できる。

② 利便性が向上し，時間の節約と煩わしさの防止につながる。

③ 経済的：製品を個別に購入するよりも顧客の負担額が少なくなる。

④ これまで馴染みのなかったアクティビティやアトラクションを体験する機会が得られる。

⑤ 専門的な興味に合わせてパッケージの構成要素をデザインできる。

観光事業者にとってパッケージ製品が魅力的な理由に，以下が考えられる。

① 特別な製品やサービスを付加することで，プレミアム価格を設定でき，収益性を向上させられる。
② ビジネス・パターンを合理化できる。需要の少ない時期にパッケージ製品を活用することで，サービスや製品に魅力的な特徴をもたせ，さらに新しいツアーを生み出すことができる。
③ パッケージ製品に参加する企業との共同マーケティングが可能になり，販促コストを削減できる。
④ 特定のターゲット市場向けに観光製品を提供するための効果的なツールとなる。

8 新製品開発

（１）新製品開発の４つのパターン

Ansoff（1957）によると，企業の新製品開発には，4つのパターンがある。

① 市場浸透

既存の製品を現在の市場向けに改良することで，市場浸透戦略をとることができる。既存製品を改良することで，購入希望者がそれを真に新しい製品とみなすように変貌させることができる。

② 市場開拓

これは，現行製品の新市場を特定し，開発することである。既存の製品を，その製品になじみのない新しい市場に投入する場合，その製品もまた，どこから見ても新製品である。インバウンド誘客を行ったわが国の取り組みであるビジット・ジャパン・キャンペーンは，まさに新たな市場の開拓であった。

③ 新製品開発

既存顧客に販売する純粋に新しい製品を開発する。ここ数年，ファストフード各社は既存顧客向けに，より健康的な新製品を開発してきた。

例えばサブウェイは，低脂肪，低カロリーの食品をマーケティング・クーデターにして，自らをヘルシーなファストフードの代替品と位置づけた。同社は，かつて体重が193kgの大学生だったジャレッド・フォーゲルが，サブウェイのターキー・サブとベジ・サブで構成されるダイエットで111kgを減量したことを知り，フォーゲルはサブウェイの製品を推奨するために採用され，数々のプロモーションにより成功した。

④ 多角化

多角化による成長は，現在の事業以外に良い機会が見出される場合に意味をもつ。多角化には3つのタイプがある。

第一に，既存の製品ラインと技術的またはマーケティング的シナジーのある新製品を模索することである。

第二に，現在のターゲット市場に訴求しうる新製品を探すこともできる（水平的多角化）。

第三に，現在の技術，製品，市場とはまったく関係のない新規事業を模索することもある（コングロマリット型多角化）。この場合は，他社を買収するなどして，新規市場に進出する。

多角化の事例として，2003年にモルディブで豪華カタマラン・クルーズを開始し，新たな領域に進出したホテル会社，フォーシーズンズが挙げられる。

（2）新製品開発へのアプローチ

企業が生き残るためには新製品を開発しなければならない。新製品は，買収によって得ることも，新製品開発（NPD）によって得ることもできる。NPDにはそれなりに確立されたアプローチがあるが，Scheuing & Johnson（1989）は，他のモデルのレビューと，米国を拠点とする66のサービス企業に対する調査に基づいて，新サービス開発（NSD）のモデルを提案した。このモデルには15のステップと4つの主要ステージがある。

■第１段階：新しいアイデアをどのように生み出し，開発するか

①開発プロセス：目的と戦略の正確な策定から始める。製品開発戦略に基づいたイノベーションの取り組み全体を推進し，方向性を明示することによって，有効性と効率性が得られる。

②企業がイノベーションを可能にするような方法で計画を組織化または構造化したことを確認：大企業では，研究開発（R&D）部門を設置する。中小企業では，他社との連携やエコシステムの形成を通じてイノベーションに挑戦することもできる。

③アイデアの創出と選別：新しいアイデアは，外部ソースから引き出すことや，社内で相談やブレーンストーミングを通じて創出することもできる。多くの場合，最も強力なアイデア源は顧客からのフィードバックである。

■第２段階：「GO/NO GO」，企業が新規開発を進めるか否かを決定

④コンセプト開発：特に重要なサービス要素がある場合，生き残ったアイデアを本格的なコンセプトへと発展させる必要がある。

⑤コンセプトテスト：ユーザーとなる見込みのある人が，提案された製品やサービスを理解し，好意的な反応を示し，満たされていないニーズに応えるベネフィットを提供すると感じるかどうかを評価する。

⑥ビジネス分析：各コンセプトのビジネス上の意味合いを包括的に調査する。

⑦プロジェクトの承認ステップ：トップマネジメントが新しいアイデアの実施に企業資源を投入するときに行われる。

■第３段階：テスト設計に入り，イノベーションの詳細設計と実装。新しいコンセプトは運用可能なものに変換

⑧設計とテスト：サービスの場合，この活動には，利用予定者の意見と，最終的にサービスを提供するオペレーション担当者の積極的な協力の両方が必要である。また，

⑨新たな生産プロセスの設計や，

⑩新たな機器の開発が必要になる場合もある。この段階には，
⑪マーケティング設計とテストも含まれる。試験設計段階を完了させるためには，全従業員が新サービスの性質と運用の詳細を熟知している必要がある。
■第４段階：新イノベーションの評価。サービス・テストは，新サービスが顧客に受け入れられるかどうかを判断するために行う。
⑫テスト・マーケティング：新サービスの販売可能性を検討し，限られた顧客サンプルで実地テストを実施する。
⑬デリバリー・システムとマーケティングが整い，サービスが十分にテストされた段階で，
⑭企業は次に本格的にサービス製品を全市場に導入することになる。
⑮発売後のレビュー：戦略目標が達成されたのか，それともさらなる調整が必要なのかを判断することを目的とする。

企業はこのモデルに厳格に従うのではなく，特定の開発に必要と思われる活動を選択するための分析枠組みとして考えた方がよい（Scheuing and Johnson（1989）より）。

イノベーションに対する体系的で正式なアプローチが採用されやすいのは，次のいずれかが当てはまる場合だけである。すなわち，プロセスに大きな影響を与える新製品が開発される，相互に関連する多くのイノベーションが同時に開発される，製品のライフサイクルが長い，競合他社が類似の製品やサービスで市場に参入する可能性が低い，製品がライセンスや特許で保護されている，イノベーションが独創的または「世界にとって新しい」ものである（Jones, Hudson, & Costis（1997）より）。

組織は，イノベーションを促進したり阻害したりする内部条件を作り出す。多くの場合，これらは外部環境の影響を強く受ける。システマティックだが硬直的な組織に対してイノベーションへのアプローチを促す条件としては，官僚的な文化，成熟した市場，外部コンサルタントの関与，正式な研究開発部門などが挙げられる。イノベーションへのダイナミックで柔軟なアプローチを促す

条件としては，サプライチェーン統合の進展，イノベーションを基礎とする組織文化，業界団体の後援，創造的で起業家的なリーダーシップ，規制緩和された市場などが挙げられる。このような条件は，観光・ホスピタリティ業界の組織に典型的である可能性が高い。

フランスでは，フレンチテックの取り組みを通じて，多様なスタートアップ支援が展開されており，観光分野でも全国で新しい企業が次々と誕生している。観光分野では，Welcome City Lab という都市観光向けのインキュベーションのプラットフォームがあり，フランス全土の都市をネットワーク化して，連携しながら，多様な観光スタートアップ創出の支援を行っている（佐々木（2021）より）。

主要参考・引用文献

Ansoff, H. Igor (1957), "Strategies for Diversification", *Harvard Business Review*, Vol.35 Issue 5, pp.113-124.

Bitner Mary, J. (1990), "Evaluating Service Encounters: The Effects of Physical Surroundings and Employee Responses," *Journal of Marketing*, Vol.54 Issue 2, pp.69-82.

Dev, Chekitan S., Michael S. Morgan & Stowe Shoemaker (1995), "A Positioning Analysis of Hotel Brands", *CORNELL HOTEL AND RESTAURANT ADMINISTRATION QUARTERLY*, pp.48-55.

Hudson, Simon (2008), *Tourism and Hospitality Marketing*, SAGE Publications Ltd.

Jones, Peter, Simon Hudson & Philip Costis (1997), "New product development in the UK tour-operating industry", *Progress in Tourism and Hospitality Research*, Vol.3 (4), pp.283-294.

Lovelock, Christopher & Jochen Wirtz (2007), *Services Marketing*, 6th ed., Prentice Hall.（白井義男監修，武田玲子訳（2008），『ラブロック＆ウィルツのサービス・マーケティング』ピアソンエデュケーション.）

Russell, James A., Lawrence M. Ward, & Geraldine Pratt (1981), "Affective Quality Attributed to Environments: A Factor Analytic Study," *Environmental Behavior*, Vol.13, Issue3, pp.259-288.

Scheuing, Eberhard E. & Eugene M. Johnson (1989), "A Proposed Model for New Service Development", *Journal of Services Marketing*, Vol.3(2), pp.25-34.

Seaton, A. V. & M. M. Bennett (1996), *The marketing of tourism products: concepts, issues and cases*, International Thomson Business Press.

Victor, T., C. Middleton & Jackie Clarke (2001), *Marketing in travel and tourism*, Butterworth-Heinemann.
佐々木茂 (2021),「地域とホスピタリティ」『ホスピタリティ産業論』創成社.
森岡毅 (2016),『USJ のジェットコースターはなぜ後ろ向きに走ったのか？』角川文庫.
プレジデント・オンライン (2014), (https://president.jp/articles/-/12391)
(一社) 日本旅行業協会 (2023), (https://www.jata-net.or.jp/membership/jata-travelinfo/tourgrandprix/tg2023_record/)

(佐々木 茂)

第6章

マーケティング・ミックス

1 はじめに

J. A. ハワードは，マーケティング・マネジャーが統制可能な要因とそれ以外の要因とを分けることの重要性を指摘している。統制可能要因としては，製品，マーケティング・チャネル，価格，広告，人的販売が挙げられ，統制できない環境要因として，需要，競争，非マーケティング・コスト，流通構造，公共政策，企業組織を指摘している。

一方，E. J. マッカーシーは，この統制可能要因を Product，Price，Place，Promotion の 4P として整理した。実は，これこそがまさにマーケティングの神髄といえるのではないだろうか。というのも，ハワードとマッカーシーの主張はいずれも，それほど大きな差はない。しかし，4 要素にまとめ，かつ，頭文字を P に揃えたことで，マーケティング・ミックスを誰もが覚えやすいように整理し，この考え方を広めることにもつながっているからである。

実際，流通を Place としてしまう点は少々乱暴なようにも思えるし，広告が Promotion に入ってしまうことで，コミュニケーションの要素が薄まってしまうようにも感じられる。しかし，こうした細かい問題を補って余りあるほど，この 4P のアイディアは大きな意義があったといえるのではないだろうか。

本章では，この 4P それぞれの基本的な考え方を，マーケティングのもともとの主流であるメーカーが製造する製品を軸として紹介したうえで，ホスピタリティ産業への適合を進めていく。この後の第 10 章と第 11 章では，産業ごとにより特徴的な要素について説明するが，前提となる内容は本章で論じる。

2 製　品

(1) 製品そのものの構造とサービス

通常，製品という表現を目にすれば，小売店で販売されている商品のことを思い浮かべることが多いだろう。しかし，マーケティングにおける製品とは，もう少し深い意味がある点に注意が必要である。

ここで重要なのは，製品をベネフィット（便益）の束としてとらえる考え方である。製品は，お客様のニーズを満たすベネフィットが束となっている。清涼飲料水を買う際には，喉の渇きを癒すというベネフィットのみならず，美味しさや糖分による疲労回復，場合によっては脂肪を減らしてくれるという美への渇望や高血圧対策など，さまざまなベネフィットの束を買っているわけである。

すなわち，お客様は製品を買っているように見えて，実際にはそのベネフィットによる問題解決を購買している。そのため，なにでできているか，ではなく，どのような機能でどのようなベネフィットを提供できているのかをまず考える必要がある。

通常はこれを，「製品コンセプト」と「製品アイディア」というとらえ方で把握する。製品コンセプトとは，お客様が消費することで可能な問題解決そのものであり，製品アイディアとは，問題解決のための手段のことを指す。マーケティングにおいては，製品アイディアによって製品コンセプトを実現すると言ってもいいだろう。

しばしば例示されるのが，お客様がドリルを買う場合，本当に必要なのはドリルではなく穴である，という話である。穴という問題解決（→製品コンセプト）のために，ドリルという手段（→製品アイディア）を取っているというわけである。同様に，化粧品を買う人は，化粧品そのものではなく，それが実現してくれる「美」を買っている。

そして，その製品は，中核となるベネフィットである「製品の核（中核製品）」，それを具現化した「製品の形態（有形製品）」，追加的なサービスなどの「製品の付随機能（付加価値製品）」の３階層から成っている（図表６－１)。これを，冷蔵庫の例で考えてみたい。製品の核は，食材を冷やし，長持ちさせるというベネフィットである。それを実現するために，２ドア，３ドアといった形態で，冷蔵と冷凍にチルドを付帯，といった，まさにわれわれが目にする「製品そのもの」をメーカーは実現している。ただし，そのままでは買っても困ってしまうので，配達してもらい，設置もお願いするといった製品の付随機能も付帯するのである。

さて，以上をホスピタリティ産業の例で考えてみよう。美味しいものを家族

図表6－1　製品のレベル

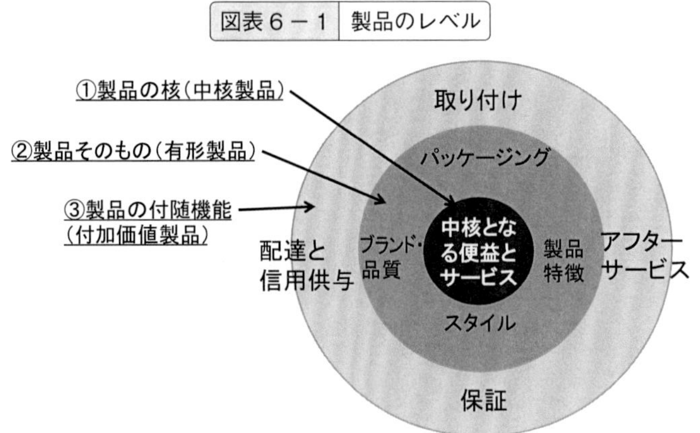

出典：和田監訳（2003）をもとに著者作成。

で食べたい，というニーズを満たす中核となるベネフィットを実現するために，焼肉屋や中華料理店，ファミリーレストランといった「サービスそのもの／サービスの形態」が開発された。これには，料理のみならず，内装や従業員の接客スタイルなども含まれることになる。なお，多種のお店があるのは，消費者の欲求が多様だからである。ただ，それだけでは競争優位が獲得しにくいこともあるため，会員制やポイント制を採用するなど，さまざまな「サービスの付随機能」も提供されることになる。

（2）製品ミックス

再び「モノ」としての製品に戻ると，こうした製品は通常，1種類で販売されていることはあまりない。かつて1種類だった場合でも，当該製品が売れていくにつれて，種類が増えていくことがしばしばである。それを把握するには，製品ミックスという考え方が用いられる。

製品ミックスは，幅と深さ，そして長さという表現でとらえられる。製品ミックスの幅とは製品ラインあるいは製品系列の数を指し，自動車メーカーの場合ではセダン，スポーツカー，ミニバンなど，家電メーカーの場合ではテレビ，冷蔵庫，洗濯機などといったものが該当する。製品の深さとは1つの製品ラインに存在するアイテム数で，デザイン，スタイル，サイズ，価格などで分けられる。そして，製品ラインの長さとは，それぞれの製品ラインのアイテムの総数，すなわち全取扱製品数ということになる。これらは，次項で説明するブランドとも密接な関連がある。

（3）ブランド

こうしたアイテムには通常，ブランドが付与されて提供される。マーケティングにおけるブランドとは，いわゆる「高級ブランド」のことを指すのではない。製品につけられている，他社・他製品と識別するための文字，図形，記号，形状，色彩などの組合せによる，標識・識別子のことである。製品が多く供給されるようになると，自社製品を購入してもらうために識別する必要が生じてくる。そのためにブランドが意識されるようになった。

製品がモノとして開発されるのに対して，ブランドは意味を開発あるいは構築するとされる。つまり，物理的なモノに対して，なにがしかの意味を付与することが重要である。かつて，「いつかはクラウン」というコピーが用いられた広告があった。これは，低価格のエントリーレベルの自動車を買うところからスタートして，出世とともに買う自動車が高級になっていき，いつかはその最高峰に近いクラウンに…という思いが語られたものである。

図表６－２　ブランド価値の構築

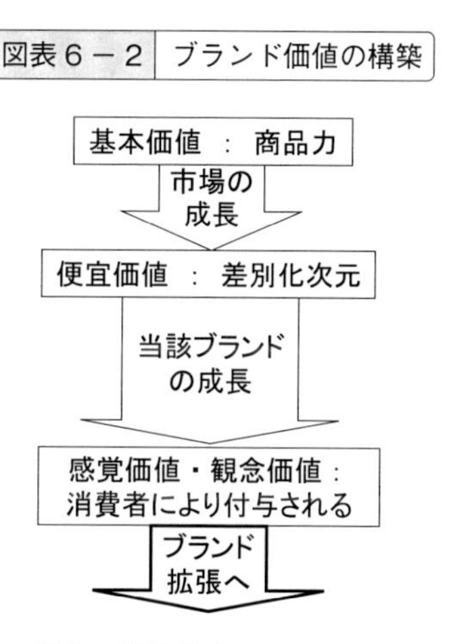

出典：著者作成。

単に移動のためだけであれば，こうした高級車は必要ない。そこでメーカーは，そこにさまざまな「意味」を付与することで，製品の上方移行を図ってきた。こうしたことが見受けられるのは，酒類など嗜好品においても顕著である。

なお，ブランドが同一であっても，時代が変化していくにつれて，通常は技術革新にともない製品そのものは異なるものになっていくことが多い。同じクラウンでも，初代と現行とでは，まったく異なるのが好例であろう。

こうしたブランドは，以下の価値構造を成している。

① 基本価値：プロダクトそのものが消費者に与える価値（＝ベネフィット）。

② 便宜価値：便利に購入しえて便宜に消費しうる価値で，価格やパッケージなども含まれる。

③ 感覚価値：商品を楽しく魅力的に消費しうる価値。

④ 観念価値：夢やロマンなど，商品力を超え，商品の機能とは関係がないもの。

通常の製品がこの段階を経るには，さまざまなパターンがあるが，一例としては次のような流れを辿ることになる。まず，基本価値の商品力を提示することで購買を促し，市場が成長するとともに商品力がさらに向上するなどして，次なる差別化次元として便宜価値が付与されることになる。そして，当該ブランドが花開けば，そこには信頼や安心といったブランド価値が生まれてくる。そのうえで，繰り返しの消費や広告などのコミュニケーションによる態度変容（詳しくは第７章を参照されたい）によって，消費者自らが当該ブランドを自らのライフスタイルやライフシーンの中に位置づけ，感覚価値や観念価値が醸成される可能性が生じることになる。すなわち，感覚価値や観念価値は，消費者自らが付与するのである。

（４）新製品のタイプ

製品の種類を増やし，製品ミックスを構成していく際に，既存の製品カテゴリーなのか新しいカテゴリーなのか，既存のブランドなのか新しいブランドなのかによって，図表６－３のように分けることが可能である。ライン拡張は味やサイズを変えた展開，カテゴリー拡張は標的市場を変えた場合など，マルチ

図表6－3　新製品のタイプ

	既存ブランド	新ブランド
既存製品カテゴリー	ライン拡張	マルチブランド
新製品カテゴリー	カテゴリー拡張	新ブランド

出典：中村（2001）などをもとに著者作成。

ブランドは現在の製品群（ブランド群）に新しいブランドの製品を投入したケース，新ブランドは従来扱っていなかったカテゴリーに新しいブランドで参入した場合，ということになる。

（5）ホスピタリティ産業における製品：サービスとブランド

1990年代以降，ホテル業界では世界的に再編が続いている。単体でも十分に大規模なチェーンであったシェラトンとウェスティンがスターウッドに買収され，そのスターウッドもやがてマリオットに買収されることになる。ヒルトンやインターコンチネンタルを含む世界的なホテルチェーンは，こうして傘下に抱えた各ブランドのマネジメントに追われている。

例えば，シェラトンもウェスティンも，かつてはいずれもいわゆる「高級ホテル」というイメージで，近いポジションにあるいわば競合のブランドであった。マリオットは買収直後からそれぞれのブランドに対する「意味の付与」にとりかかり，ウェスティンはウェルネス系のブランド，シェラトンはコミュニティ機能を強化したブランドとし，今後の展開を進めていくことになっている。

同じマリオット傘下にあるリッツ・カールトンは，観念価値の創造に成功した事例といえるだろう。さまざまな物語がその背後にあり，そうした伝説がブランドを支えているのである。

ホスピタリティ産業が提供するのは，有形の施設・設備のみならず，無形のサービスも含まれる。そのため，こうした無形の部分を表現するためにも，ブランドに対する意識は非常に重要である。歴史あるホテルは，リッツ・カールトンの例のように多くの逸話が語られており，熱烈なファンが存在するのは，こうした観念価値にまで達していることを示している。

価　格

（1）価格決定の方策

価値は製品の機能と価格の関係から決定される。企業側で一義的に決定したとしても，市場原理により値下げ圧力が生じ，大きな変更を余儀なくされることもある。そのため，価格決定は慎重になされなければならない。

価格決定の前提としては，①コスト志向と②競争志向，③需要志向に大別できる。①コスト志向は，製造原価（卸売業や小売業の場合は仕入原価）に自社の利益を積むことで価格を決定する。②競争志向は，主として市場シェア獲得を目的に，競合製品と同額，あるいはより低価格にするものである。③需要志向は，顧客側が購入を決定しやすい価格，すなわち値頃感をもとに決定する。いずれにせよ，需要，コスト，競合の３つの視点から，上記を組み合わせて実際には最終決定がなされることになる。

また，自社にとって，従前の製品とは異なる新製品の投入に際しては，他社との関係やマーケティング目標との関連により，以下の２つの戦略に大別される。

■上澄み吸収価格政策（Skimming Price：初期高価格政策）

短期間で先行者利益を獲得するために，高い価格設定で市場に参入するものである。購入頻度が比較的低く，類似製品による参入が難しいことにより，新製品としての差別性や独占的地位がしばらく保てるような場合に多く採用される。この場合は，高価格でも購買が期待できる上位の市場を狙っていることになる。

この政策を採用した場合には，その後に競合他社が安価で参入してきても，対抗して値下げすることが可能である。ただし，他の財で代替される可能性が生じるほか，消費者の疑念による購買延期が生じかねないといった問題がある。

■浸透価格政策（Penetration Price：初期低価格政策）

短期間にシェアを確保し，新規参入に対する優位を確保するために低価格で市場参入するものである。技術的に模倣が容易な製品や，購入頻度の高い製品に有効であるとされる。

この場合には，その後に続く競合相手をあきらめさせる効果があるうえ，先行して安価で数量を伸ばせば，規模の経済と経験効果によってさらに費用は低減し，市場シェアの拡大と，その結果として大きな利潤になる可能性がある。ただし，供給能力には限界がある点と，低価格であるだけに品質に対する疑念が生じるという問題がある。

なお，真ん中あたりから入る中価格参入もあり，これは，買い手の知覚する価格に合わせて設定される。複数の商品を有する企業の場合には，他の商品とのバランスを考慮してこの方策が採用されることが多い。これを，プロダクトライン・プライシングという。

ここで重要なのは，価格決定とは，売り手が買い手に対して与える提供物である製品やサービスに対して，買い手の知覚している価値にあわせて価値づけをすることでもあるということである。すなわち，値引きやディスカウントは，売り手自らが，その商品を低く価値づけしているということになる。そのため，低く価値づけをして低価格の決定をしたら，再びその商品の価値を上げることは困難である。これを，「価格の上方硬直性」という。それでも上げたい場合には，モデルチェンジや製品改良によって新製品として販売し，新しい価値を賦与するしかない。

ただし，価格の需要弾力性が高い製品は値引率以上に売上率が上がることもある。例えば，スーパーマーケットの大根，人参，魚などの日常品の価値相場を知っている主婦に対する特売品の設定は合理性があるということになる。逆に，価格の需要弾力性が低い製品，例えば化粧品や革新的新製品，嗜好品などは，価格こそが価値ということになる。なお，価格の需要弾力性は，買い手がその製品の機能や価値を知る程度と関連している。この点は，第７章における消費者の知識についての議論も参照されたい。

最終的に価格を決定する際には，以下のようなツールが用いられる。

・保証価格決定：ある成果が保証されたときに支払いがなされる。いわゆる「成果報酬」などが該当する。
・相殺価格決定：基本価格を低く，追加的なものの価格を相対的に高くする。
・高価格維持価格決定（プレスティッジ価格決定）：高品質のイメージや評判をより重要視する企業によって行われる。
・ロスリーダー価格決定：顧客を引き付けたり取扱高を増やすために価格を安くする。
・割引価格制：まとまった単位を一括購買したり，頻繁に利用したりする場合に価格を安くする。
・端数価格制：「2,980円」などという価格で安いという印象を与える。
・季節や時期，時間帯に応じた価格決定：サービスのように，一般的に在庫も輸送もできない製品の場合には，需要の変動に左右されやすいため，価格を変えて需要変動を操作する。

最後の需要に合わせた価格変動は，ホスピタリティ産業において有効とされる。これは，本節の最後に改めて説明する。

（2）お客様にとっての価格

①　価格のもつ機能

次に，価格を決定する際に重要な，消費者の心理と価格の関係について説明する。

価格には大きく分けて3つの機能がある。

まず，価格はお客様にとって，製品価値のシンボルである。消費者が自らの力で製品の価値を識別することが困難であるときに，製品の価値の判断を価格に求めるということである。つまり人は価格をその製品の品質を判断する材料として用いている。

次に，価格はお客様の自我意識に関連する機能をもつということである。少し難しい考え方かもしれないが，価値の高い製品を購入することで，自我の満足がもたらされるということである。これにより，購買する製品カテゴリーの中の上方移行が起こると考えられている。

最後に，消費者は価格についての標準的イメージを形成しているということである。消費者は，ある特定製品に対して，その人固有の価格イメージを形成している。この価格イメージについては後で詳しく述べる参照価格というもので，購買判断に大きな影響を及ぼしている。

② 価格の心理的役割

購買に際しては，消費者は自身の想定，他の選択肢における価格，販売されている環境などの要素を考慮して，妥当であれば購買に至る。ただ，ここで注意しなければならないのは，消費者にとって購買動機における価格のウェイトは，絶対的評価（価格だけの比較）では大きいが，相対的評価（他の属性との比較）の面では大きくないということである。一般に消費者は，日常のやりくり用の財布から支出される購入においては価格には厳しいが，楽しみ用や息抜き用の支出においては，価格をそれほど気にしないということになる。

この理由としては，消費者の製品購入に関する価値の尺度は，異なる複数の心理的な価値尺度からできているという想定が挙げられる。例えば，消費者は貨幣単位という単一価値尺度によって構成される経済的価格と，当該製品にどのような価値をおいているかにより，その価格が与える影響が消費者によって大きく異なる心理的財布との２つの価格をもっていると推測されるのである。

そして，消費者は購買時点では，自らの記憶環境にある価格情報と，物理的環境にある価格情報も組み合わせて購買の意思決定をしていることになる。

これが成り立つのは，消費者の心の中に価格に対するある一定の尺度ができているという前提が必要となる。これを説明する理論として，以下，参照価格について考察する。

③ 参照価格

参照価格（reference price）とは，消費者がもつ価格イメージで，内的参照価格と外的参照価格とから成り立つ。内的参照価格とは過去の購買経験などにより形成され，物理的な環境の中には存在せず，消費者の記憶の中に貯えられたものである。外的参照価格とは消費者固有のものではなく，購買環境における観察された刺激によって影響されるもので，売場の環境や他の製品の単位あたりの価格情報などがある。

この参照価格の基盤となる理論として，順応水準理論と同化・対比理論とがある。

順応水準理論（adaptation-level theory）は，消費者は過去の刺激のレベルを自身の記憶内に採用しており，新たな刺激をその採用レベルと比較して意思決定の判断をするというものである。つまり，消費者は価格を判断する上でその基準となるような参照価格や順応水準を前もって記憶しており，新たな商品の価格が提示されると，その前もって保持していた順応水準と比較して，最終的な行動を決定するというものである。

ただし消費者によっても順応水準は一定ではなく，中心的な刺激と背景となる刺激の2つの刺激によってその水準は左右される。中心的な刺激とは消費者が市場において実際に直面する価格の集合で，例えば外的参照価格，特にその価格集合の上限や下限の価格，平均価格，中央値などがこれにあてはまる。また背景となる刺激とは，消費者の予算，購買動機，購買の緊急性などである。

同化・対比理論（assimilation-contrast theory）は外的参照価格が消費者のもつ内的参照価格にいかに影響を与えるのかを説明する理論であり，ある刺激の知覚と解釈は，その刺激による位置と，自身の位置との間の距離によって大きく影響されるというもので，同化効果と対比効果とに分けられる。同化効果は刺激による位置との差が大きくない場合などに，実際の差よりもその位置は近くにあると知覚するという効果である。逆に，対比効果は位置がより離れている場合に実際の距離よりかなり遠くに離れているように感じるという効果である。

この同化・対比理論によって，消費者は順応水準の外側に，ある一定の受容可能な価格幅をもち，その幅の内側の価格であれば同化させ，価格の差異はあまり認識されないが，逆にその幅の外側の価格は対比され，価格の差異は際だったものになることが理解できよう。そして，内的参照価格と外的参照価格の差が小さいならば外的参照価格は内的参照価格に同化する可能性が生じるが，その差が大きいと対比して新たな参照価格を形成することになる。

④　品質バロメーターとしての価格

品質に関する十分な情報がない場合，消費者は価格を品質のバロメーターにすることが多く，このような場合には，価格の低下は消費者のネガティブな反応を呼び起こすことがある。

価格は購買意図に対して正および負の両方をもっており，負の効果が直接的であり，正の効果が間接的である。いうまでもなく負の効果とは購買における消費者の金銭的な負担を意味しており，正の効果とは購買におけるポジティブな品質保証の効果を意味している。

要するに，価格の基本的な見方としては，価格は購買意図に影響する制約としての価格（負の影響）と，全体的な製品評価に介在する品質シグナルとしての価格（正の影響）とに分けられ，価格が品質のバロメーターとして使われているかどうかは他の品質判断基準があるかどうかに依存し，品質に関する情報が容易に得られる場合，価格は品質のバロメーターとしての役割を失うことになる。

（3）レベニュー・マネジメント

以上のような複雑な変遷を経て価格が決まってくるわけであるが，モノとは異なり，ホスピタリティ産業が提供するサービスの多くは供給量が決まっていることから，また別の問題点が生じてくる。

例えばホテルの場合，とある日に客室が売れ残ったとして，その客室を翌日に売ることはできない。逆に，満室になったからといって，追加で売ることもできない。売れ残りは永久に販売できず，売れゆきがいいからといって追加することもできないという点は，モノにはない特徴である。

そのため，ホテルの客室を販売するに際しては，以下のような前提が置かれることになる。１室の値段をいくら高くしても，その部屋がまったく売れないのではなんの意味もない。逆に，仮に毎日満室が続いていたとしても，その部屋が異様に安価であっては，これもなんら意味をなさない。つまり，可能な限り高価格で，可能な限り100%の稼働率を目指すことが，宿泊産業では日々なされているのである。

この諸活動を「レベニュー・マネジメント」という。もともとは同様の特徴（売れ残りは二度と売れず，追加販売もできない）をもつエアラインにおいて，「イールド・マネジメント」として理論化が図られてきたものであるが，ホテルの場合，そのための重要な指標がADRとRevPARである。

あるホテルの宿泊部門における一定期間の全売上を一定期間の総販売可能客室数で割ったものをRevPAR（Revenue Per Available Room）という。同じような指標としてADR（Average Daily (Room) Rate）があるが，こちらは稼働率も加味して計算されている。

RevPAR
　　＝期中の客室売上高／期中の総販売可能客室数

ADR
　　＝期中の客室売上高／(期中の総販売可能客室数×客室稼働率)

これら2つの指標はいずれも，1室を1単位として取引されているホテルの客室が，どの程度の価格で取引されているかの指標であるといえる。たとえ販売価格を高めに設定していたとしても，市場がそれを受け入れなければ稼働率はきわめて低いものになってしまう。ただ，多少の稼働率低下を甘受しつつも，ブランドイメージの維持のために，取引される価格を高めにしておこうとする方向性もある。

値下げをあまりにしすぎると価格が戻らなくなってしまうという状況は，参照価格理論によって説明できる。消費者は過去の購買経験からそれぞれの製品について参照価格をもっており，その参照価格を下回る価格で購買すると，新たな参照価格が形成される。その新たな参照価格を上回る価格が提示された場合，対比効果により高いと感じてしまい，結果として購買しないということになってしまう。

そのために，各ホテルは日付や曜日をはじめ，さまざまな要素を用いて当日の目標となる売上を想定し，それに少しでも近づけ，さらには超えられるように努めることになる。また，売れ残った客室に関しては，当日に至るまで少しずつ価格を下げて，市場の反応をみるのである。

4 流　通

生産者であるメーカーと最終消費者との間には，所有，時間，空間，情報といった隔離が存在している。そのため，生産された製品を消費可能にするためには，取引，情報伝達，保管，輸送などの活動を通じて隔離を解消しなければならない。そのための諸活動を流通（チャネル）という。

この，製品の「流れ」を図にした際，川の流れになぞらえて，メーカー側を川上，消費者側を川下という。また，その間に介在する主体が多いほど長い，少ないほど短いという。そして，特定地域における小売接点（小売店など）が多いほど広い，少ないほど狭い，という。

この長短については，介在する商業者の段階によっても分けられる。介在商業者がなく，メーカーが直接消費者とやり取りする場合には直接マーケティング・チャネルといい，介在する事業者が存在する場合には間接マーケティング・チャネルという。直接マーケティング・チャネルの例は少なく，「ドモホ

図表6－4　流通の概念図

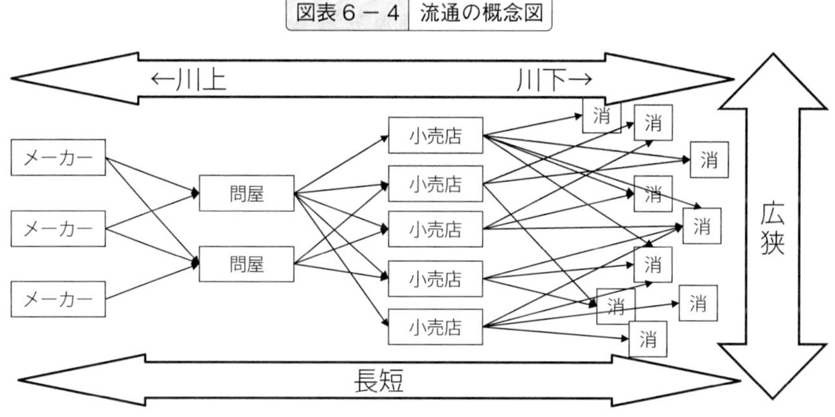

出典：著者作成。

図表6－5　流通段階

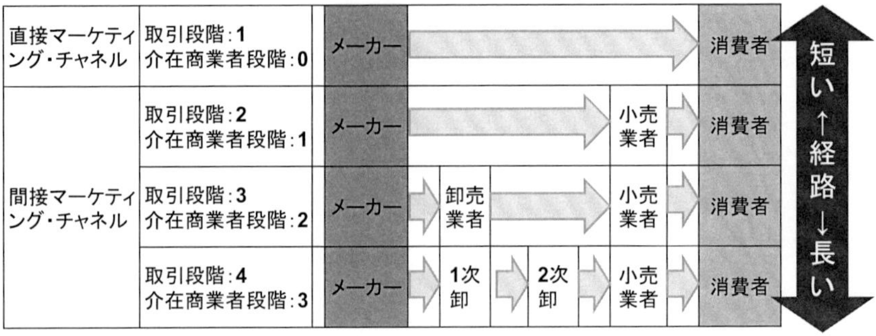

直接マーケティング・チャネル	取引段階：1 介在商業者段階：0	メーカー → 消費者	短い↑経路↓長い
間接マーケティング・チャネル	取引段階：2 介在商業者段階：1	メーカー → 小売業者 → 消費者	
	取引段階：3 介在商業者段階：2	メーカー → 卸売業者 → 小売業者 → 消費者	
	取引段階：4 介在商業者段階：3	メーカー → 1次卸 → 2次卸 → 小売業者 → 消費者	

出典：田島・原田編著（1997）をもとに著者作成。

ルンリンクル」を販売する再春館製薬などが挙げられる。自動車の場合には，メーカーが直接小売業者と取引をするので，取引段階は少ない。一方，東京での鮮魚に関しては，かなり取引段階が多いといえよう。一例としては，漁師がとった魚は，当該地域の漁協などにまず卸される。その漁協などは，豊洲（かつては築地）の大卸あるいは荷受けと呼ばれる業者と取引をし，大卸は仲卸と呼ばれる事業者と取引をする。仲卸からやっと，小売店や飲食店に販売され，われわれ消費者のもとに届くのである。

モノとしての製品は，こうした流通が以下のような役割を果たすことで，円滑にかつ経済的に，消費者へと届けられることになる。

まず，場所的・時間的なギャップを埋めるのが，①物的流通（物流）であり，製品を消費者に届けるプロセスにおいて，保管，受注管理，輸送，在庫管理といった役割を果たしている。次に，人的ギャップを埋めるのが②商的流通（商流）で，製品の所有権を，流通経路の各構成員を通じてメーカーから消費者に移転していく。その際，交渉や契約締結，売上回収なども役割が分担されている。そして，人的販売をはじめとしたセールス・プロモーション（詳しくは次項）などの手段を通して，製品やサービスの情報を川上から川下に流したり，逆に取引データや在庫データなどを通じて，消費者ニーズや欲求に関する情報を川下から川上に流したりもしている。さらには，小売店による潜在顧客の探索や，消費者信用，アフターサービスなどの付加的サービスも，多くはこの流通経路で対応されている。

加えて，マクロ的には取引回数の削減も可能となっている。10社のメーカーが10社の小売店と取引するには，100回の取引が必要である。間に1社の卸売業者が入ることで，20回の取引で済むことになるわけである。

ただし，広い流通経路を採ったり，取引段階が多かったりすると，値崩れを起こしやすくなるなど，チャネルの管理が難しくなる。とはいえ，あまりに狭いチャネルにしてしまうと，販売機会ロスが生じるなど，それぞれの製品特性に応じた対応が必要とされる。

さて，以上はモノを前提とした議論であるが，ホスピタリティ産業においては，そこで提供されるサービスそのものは不可分性のために流通しない（第2章を参照）。しかし，その利用権が流通するという点には注意が必要である。

ホテルや旅館といった宿泊施設は，自社に直接予約を入れてもらうほかに，旅行会社やOTAなどを通じての予約も多く受けている。これは，まさに利用する権利が流通しているといえるだろう。ある程度のチャネルの広さがなけれ

図表6－6　ホスピタリティ産業などが提供する利用権の流通

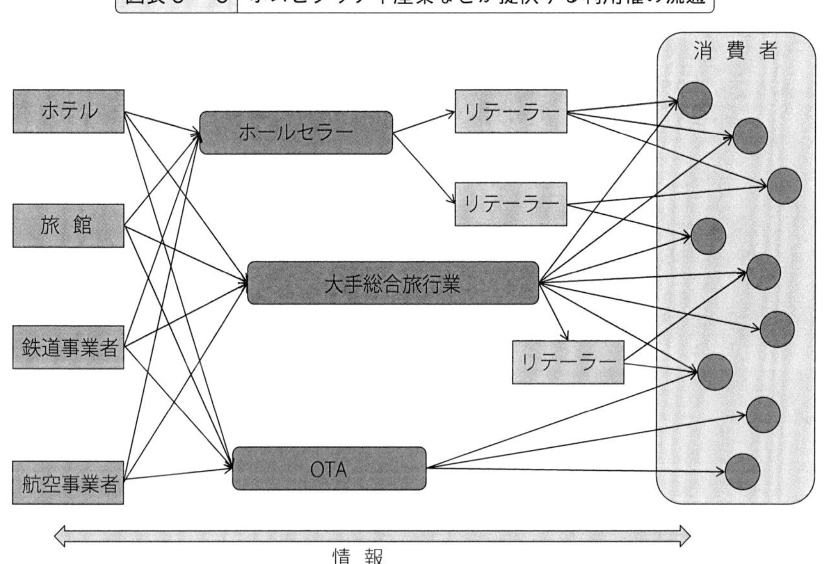

出典：小宮路編著（2012），p.143.をもとに著者作成。

ば，多くの人との接点ができない。しかし，旅行会社やOTAによっては，自社が望むような対応をしてくれるとは限らない。この辺りは，宿泊施設ごとに自社の特徴を踏まえ，より注力するOTAを選択しているといえるだろう。

5 プロモーション・コミュニケーション

最後のPであるプロモーションとコミュニケーションは，製品やブランドの名称や特徴をいかにしてお客様に届けるかがポイントになる。この手段としては，大きくは以下の4つに分けられる。

まず，人的販売は，費用をかけて人を通じてなされる活動である。百貨店やチェーンストアにおける化粧品販売などで多用されている。同じく費用をかけるもので，人以外のメディアを用いると広告となる。これが，無料でニュースや記事として取り上げてもらうとパブリシティというものになる。ただし，お金を払ってニュースや記事に取り上げてもらうケースもあり，これはペイド・パブリシティと呼ばれる。最後に，無料で人間によってなされるものが口コミである。ただし，これも最近では，素人に費用を支払いSNSなどに取り上げてもらうといったケースもある。

なお，ここで広告に関しては，宣伝，プロパガンダ，PR，広報といった類義語がある。それぞれの違いは明確に把握しておくべきである。

そもそも広告とは，商品や企業に関しての「事実」を扱うものであり，送り手の主体が明確であること，伝えたい相手，すなわちターゲットがいること，メッセージの対象となるもの，要は，なにについて広告をするかが明確であること，お金を支払っていること，メディアを通して行うこと，伝達や説得など，

図表6－7　プロモーション・コミュニケーションの類型

	人的	非人的
有料	人的販売	広告
無料	口コミ	パブリシティ

出典：著者作成。

送り手のなにがしかの目標達成のためになされること，といった前提がある。最後の目標達成は，製品やサービスの名称を覚えてもらうのみならず，イメージを膨らませてもらうなど，さまざまな目標が想定される。

また，必ずしも「事実」に基づかないコミュニケーション活動は宣伝である。「誇大広告」という表現はあるが，「誇大宣伝」とはいわないのはこのためである。そして，あらゆる関係者と「良好な関係」を作る活動がPublic Relationsで，PRと略され，広報と訳されることが多い。その意味では，しばしば聞かれる「自己PR」という表現は間違いである。恐らく自己アピールと混同されているのではないだろうか。

また，購買意思決定を促すようなさまざまな活動をセールス・プロモーション（SP）と呼ぶ。通常の広告は消費者の製品やサービスに対するイメージ，すなわち態度を変容するために打たれるが，SPは行動変容，すなわち購買行動の決断をしてもらうために実施するものである。値引きやおまけなどが用いられるが，流通経路の途中に対しての刺激もよくなされている。

ホスピタリティ産業においては，大前提として無形であるサービスを，どのようにしてお客様に理解してもらうかという点が重要である。そして，ここでは，さまざまな顧客とのコミュニケーションが考えられるが，上記の流通に関係する要素も内包している。いかなる経路を経て予約を受けつけるのか，そのためにどのような刺激を顧客に与えるかが考察すべき対象となる。また，会員組織や航空会社など他社のマイレージ・プログラムとの関連もポイントとなる。

前項でも説明した宿泊産業とOTAの関係でいえば，当然ながら自社HP経由での予約は手数料も取られず，利益がその分増えることになる。しかし，OTAがもつ顧客層にアプローチできないと，販売機会がその分減ってしまうことになる。この点，自社の会員組織で億単位の会員数を誇る海外のメガ・ホテル・チェーンは，非常に高い競争力を誇っているといえるだろう。こうした企業は，流通でもプロモーションでも，自社HPやメールでの直接のやり取りがかなりの割合を占めている。

6 マーケティング・ミックスにおける留意点

流通のところでも少し触れたが，高価格の製品を幅広い流通に乗せるのは得策ではない。それは，チャネル構成者を適切に管理できず，値崩れが起きてしまうことを防げないからである。このことからも，マーケティング・ミックスにおいては，各Ｐの要素と他のＰの要素との整合性がきわめて重要ということが理解できよう。

つまり，自社の製品やサービスの特徴を踏まえた市場目標や標的市場に対して，文字通りうまく（マーケティング・）ミックスしてアプローチしていかないと，チグハグな状況になってしまうのである。

例えば宿泊市場において，市場シェアを獲得してコスト・リーダーシップを目指すのであれば（第４章，第５章を参照），それに合わせたホテルや客室を開発し，値頃感のある価格で，幅広く流通をさせたうえで，行動変容につながるようなプロモーションを展開する必要がある。かつて，電話番号の「4126」と「新鮮な魚」のイメージを訴求したテレビ CM で一世を風靡したのが「ハトヤ」であり，当時としては大規模な旅館を相対的に低価格で市場に投入して成功していた。最近では，さらに大規模な旅館チェーンである「大江戸温泉物語」などが，やはりテレビ CM を打っている。

一方で，高級なホテルであれば，テレビ CM でマス・マーケットに訴求するよりもむしろ，特定の市場にアプローチする方がより効果的である。かつての「アマンリゾーツ」は，新しい施設をオープンする際に，お客様に当該施設の一部だけが写っている１枚のハガキを送るところからはじまっていた。価格面でも，2023 年に開業した「ブルガリホテル東京」は，もっとも低価格の客室（50 ㎡台）でも 30 万円以上という，それまでの常識からは考えられない価格で参入した。

繰り返すが，4P の各要素における特徴を十分に踏まえて適切なマーケティング・ミックスを展開していくことが，なにより重要ということになる。

主要参考・引用文献

Erickson, Gary M. and Johny K. Johansson (1985), "The Role of Price in Multi-Attribute Product Evaluations", *Journal of Consumer Research*, Vol.12.

Gijsbrechts, E. (1993), "Prices and Pricing Research in Consumer Marketing: Some Recent Developments", *International Journal of Research in Marketing*, Vol.10.

Helson, H. (1964), *Adaptation-Level Theory*, Harper & Row.

Kotler, P. & G. Armstrong (2000), *Principles of Marketing*, Prentice Hall.（和田充夫監訳（2003）『マーケティング原理 第9版』ダイヤモンド社.）

Mayhew, G. E. and R. S. Winer (1992), "An Empirical Analysis of Internal and External Reference Prices Using Scanner Data", *Journal of Consumer Research*, Vol.19.

Sherif, M. and C. I. Hovland (1961), *Social Judgement*, Yale University Press.

上田隆穂（1995a),「価格決定におけるマーケティング戦略」『学習院大学経済論集　第31巻　第4号』.

上田隆穂編（1995b),『価格決定のマーケティング』有斐閣.

恩蔵直人（2004),『マーケティング』日本経済新聞出版社.

小嶋外弘（1969),「買い手の価格意識」, 田内幸一編『買い手行動の構造』日本生産性本部.

小嶋外弘（1972),『新・消費者心理の研究』日本生産性本部.

小嶋外弘（1986),『価格の心理』ダイヤモンド社.

小宮路雅博編著（2012),『サービス・マーケティング』創成社.

清水聰（1994),「消費者と価格の心理」『経済研究　第100号』明治学院大学経済学会.

武井寿・岡本慶一編著（2006),『現代マーケティング論』実教出版.

田島義博・原田英生編著（1997),『ゼミナール流通入門』日本経済新聞社.

中村博（2001),『新製品のマーケティング』中央経済社.

水口健次（1983),『マーケティング戦略の実際』日本経済新聞社.

（徳江 順一郎）

第7章

消費者行動論による消費者の把握

1 はじめに

もし知人から「東京に宿泊をしなければならなくなったが，どこか良いところはないだろうか」と相談されたとしたら，どのようなアドバイスをするであろうか。厚生労働省の衛生行政報告によれば，東京都にある旅館・ホテルの数は 3,774 軒に及び，簡易宿所 1,221 軒と合わせると 4,995 軒の宿泊施設が存在する（2022 年度）。この数多くの施設の中から，相談してきた相手にふさわしいと考えられる施設は，どのような観点で選べばよいだろうか。

東京で宿泊するとしても，その目的や意向はさまざまであろう。仕事なのかレジャーなのか，1 人なのか家族連れなのか，利便性をとるのか価格をとるのかなど，選択肢が多岐にわたることは想像に難くない。旅行者が情報収集をして宿泊先を決定するまでの過程はさまざまであるが，それだけではなく，そもそもなぜ東京に宿泊をする必要が生じたかの動機についても多くの要因が想定される。また，宿泊後はそれを他の誰かに伝えたり，SNS などで情報発信をしたりする可能性もある。

マーケティングは時代を経ながら進化を続けているが，それは環境の変化によるものだけではなく，対象に対する深化も要因として挙げられる。作ったものを売るという生産志向から，作ったものを売り切るという販売志向へ，そして売れるものを作る顧客志向へと変化している。いわゆるプロダクト・アウトからマーケット・インへの変化であるが，顧客志向を目指す中で，考慮すべき要件は多岐に及ぶ。

一方，こうした供給側の視点である市場の変化だけではなく，需要の源である消費者からの視点で物事をとらえることも，マーケティングにおいて重要性が高まっている。複数の視点から検討することでマーケティングはさらに効果を増すと考えられよう。先ほどの宿泊先の選定のように，消費者がどのような要因によりその滞在を必要としているのか。また消費者は宿泊後にどういった行動をとり，それがその後のサービスにどのような影響を与えるのか。消費者を理解することは結果的に市場を理解することにつながるといえる。

マーケティングの目的はセリングを不必要にすること（Drucker, 1974）と言われているが，その本質は顧客を理解しそのニーズに合った製品やサービスを提供すれば，自然と商品は売れていくということである。この点からもやはり消費者を理解していくことの重要性が確認できる。これは逆から見れば，消費者を理解しなければマーケティングに必要な STP や 4P を定めることができないといえる。

本章では，このようにマーケティングにおいて重要な観点といえる消費者行動について，これまでの研究の系譜をたどり，その概要を理解する。また，消費者の購買意思決定プロセスにおいて影響を与えると考えられる関与と知識について，その概念について確認を行う。

2 消費者行動研究の系譜

(1) 消費者行動研究の系譜

消費者行動の研究の必要性は，マーケティングを取り巻く環境の変化から発出したものといえる。本書では第１章にマーケティング論の歴史と概略について記されているが，社会の変化にあわせて，マーケティングを新たな観点から考察する必要が生じてきたといえよう。Solomon（2013）は消費者行動論について，個人や集団がニーズや欲求を満足させるための製品，サービス，アイデア，経験を，選択，購入，使用，処分するプロセスを研究するものであるとし，多くの異なる視点からのアプローチがなされ，その領域は幅広い学問分野に及んでいる。

消費者行動についての研究は，Gale による広告に関する意見についての調査，Scott による広告心理研究や，商品分類で有名な Copeland の購買動機研究，Watson の提唱した S-R モデルなど，19 世紀末～20 世紀初頭からなされている。しかし，研究領域として消費者行動論の重要性が認識され，独立した研究領域として多くの研究者により研究が始まったのは，大衆消費社会の到来を迎えた第二次世界大戦後からとなる。それまでは経済学に基づく理論から消費行動はとらえられていたが，それでは消費者の消費行動を十分に理解することができないとされた。そのため，心理学，社会学，社会心理学，文化人類学など，学際的なアプローチがなされ，研究者の研究成果により，消費者行動論は体系的な学問領域として考えられるようになった。

形成初期に影響を与えた研究者として，モチベーション・リサーチの創始者として知られるDichterと，消費者心理学を用いて経済予測を行ったKatonaの2人が挙げられる。さらに1960年代以降に消費者行動論の形成に貢献した研究として，刺激－反応型の包括的意思決定モデルがある。これらの代表例としてNicosiaによる消費者行動を4領域に分けたモデル，Engel, Kollat & Blackwellによる消費者意思決定モデル（EKBモデル）や，Howard & Shethによる S-O-R モデルの代表的モデルであるハワード＝シェス・モデルが挙げられる。しかし，消費者の行動は刺激に対しての反応のみでは説明できないことが指摘される。

そして1970年代には情報処理型の包括的意思決定モデルが現れる。このモデルの中で代表的な研究としてベットマン・モデルが存在する。刺激－反応型のモデルに対して情報処理型のモデルは，消費者自らが情報収集を行いその情報を処理することによって目標達成を目指すものである。受動的だと考えられていた消費者行動に対して，消費者情報処理理論は消費者が問題解決のために自ら目標設定をして能動的に行動するという前提が置かれた。

その後，消費者の行動は受動的なものもあれば能動的なものもあるととらえられる考え方も生じる。Petty & Cacioppoによって発表されたELMモデル（精緻化見込みモデル）は，消費者の行動について新たな観点から考えられたものである。消費者がなんらかの情報を取得した際，その情報について精緻化，つまり自分事として積極的にその情報の内容をとらえようとする動機が問題であり，その動機の有無により行動が異なるというものである。また，動機があったとしても，その情報をきちんと処理する能力があるかどうかも問題とされ，そこでもその後の消費者の行動は分かれるとされている。次項から消費者行動の代表的なモデルについて確認していく。

(2) ハワード＝シェス・モデル

ハワード＝シェス・モデルは消費者がどのようなプロセスで製品やサービスの購買を決定するかを示したモデルであり，S-O-R モデルの代表的な研究とされている。S-O-R モデルは，消費者行動モデルの1つで，消費者の行動を Stimulus（刺激），Organism（生活体），Response（反応）からとらえたものであり，その考え方は Watson の提唱した S-R モデルに基づいている。Watson は「行動主義」を唱え，刺激に対しての反応を測定し，その関係を明らかにしようとした。しかしそれは刺激に対する反応のみに焦点があてられ，刺激を受けた人物の内面についてはブラックボックスとして扱われていた。

これに対し，この刺激を受けた人物の内面が反応に対して影響を与えるととらえ，モデル化を行ったのが，S-O-R モデルである。ハワード＝シェス・モデルは，消費者の意思決定を「情報のインプット」「知覚（情報処理）」「学習（意思決定）」「反応（購買）」の4段階に分けている。

まず消費者にとって最初の段階である Stimulus（刺激）は情報のインプットとされる。そしてその刺激は実体的刺激，象徴的刺激，社会的刺激の3つに分類される。実体的刺激とは，製品やブランドそれ自体の品質や価格，独自性やサービスなどである。象徴的刺激とは，それらを表す広告などの情報である。そして社会的刺激とは，例えば友人や家族などの口コミなどの情報である。価格や品質などの刺激により得られた情報は，消費者の頭の中（Organism）に送られ，知覚構成概念により情報探索活動がなされる。そしてその後は学習構成概念に送られ，情報をもとにして意思決定を行う。学習構成概念の中では選択基準をもとにした態度の形成や，商品に対するブランド理解などがなされる。そして購買という反応に至り，購買する前の期待水準により購買後の態度が決まり，さらに商品に対するブランド理解などがなされることになる。

ハワード＝シェス・モデルのような S-O-R モデルは刺激－反応型包括意思決定モデルと言われ，消費者の内面に焦点を当て，刺激を与えた結果として消費者がどのような行動をとるかを示している。しかし消費者の起こす行動はあくまで刺激に対しての反応で，消費者は受動的な存在だとしてとらえられている。そのため，このモデルは消費者が自ら積極的に動いて情報を収集するような状況ではなく，消費者に訴えかけることにより購買を促すような商材や販売方法に対して有効だといえる。例えば小売店の店頭で商品の露出を高めたり，セールを行ったりするような刺激が考えられる。消費者は店内で実施される各種の販売促進による刺激を受けて，購買を決定することが想定される。

しかし，例えば広告がまったくされていなくとも売れる商品は多数存在するし，セール品や限定商品とわざわざ銘打たなくとも，定番で売れる商品も存在する。つまり，消費者が行動するのは刺激に対して反応をするのみだけではなく，消費者自身が能動的に情報収集をする場合もある。

（3）ベットマン・モデル

刺激－反応型の包括的意思決定モデルに対して，情報処理型の包括的意思決定モデルの代表としてベットマン・モデルが存在する。情報処理型の包括的意思決定モデルは消費者を能動的な存在としてとらえており，何らかの問題解決が必要になった消費者が，どのように情報を取得し，それを処理し，購買や消費に至るかというプロセスを示しているモデルである。

このモデルの特徴として消費者は自らが解決すべき目標に対し，その目標を達成するために情報を探索したり取得したりして，能動的に問題解決を図ろうとするという点がある。刺激を与えられたことに対する反応とは異なり，消費者が能動的に活動するとして，消費者一人一人の行動を把握しようとしている。また，消費者の個々の情報処理能力には限界があるため，その能力の範囲内での選択となることも特徴の１つである。

消費者は何らかの動機付けがなされることにより消費者自身の目標が定まり，その目標達成のために情報収集をすることになる。しかし，その情報収集のためにどの程度労力を割くのか，またどの程度の能力があるのかは個々によって異なる。そしてすでに自らの内部で保持している情報と照らし合わせて，その内部情報だけでは足りない場合には，外部にも情報を求めることになる。外部からの情報は短期記憶，内部からの情報は長期記憶として分けられ，このどちらかとして記憶される。

この情報収集に対する能力や，収集した情報を処理する能力についても個別

図表７－１　消費者情報処理の概念モデル

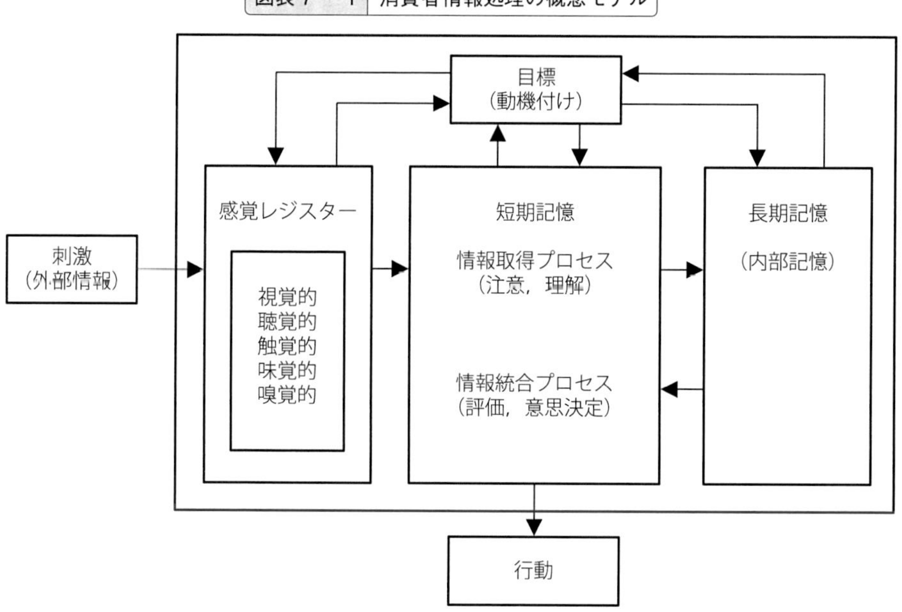

出典：阿部（1984），p.122。

差があり，それぞれに限界がある。そして，取得した情報について代替案を評価し，選択を行う。この決定は経験則（ヒューリスティックス）をもとに単純なルールに基づいて行われるとされている。もちろんこの選択は個々の消費者によって異なる。また同一の消費者であったとしても，その都度の状況や消費者のもつ課題によって異なる結果となる場合がある。そして，購買の選択と消費がなされた後に，その結果は１つの情報源として将来の購買選択に影響を与えることとなる。消費者情報処理の概念モデルを図式化して表したものが図表７－１となる。

（４）ELM モデル

消費者は何らかの刺激を受けることにより反応という行動を起こすという「刺激－反応型モデル」だけでは，消費者を十分に理解することができていないとされ，新たに発生したのがベットマン・モデルを代表とした「消費者情報処理モデル」である。その後はこれらのモデルに消費者の態度や知識，関与，広告といったことをふまえながら研究が進められることとなる。ベットマン・モデルでは，消費者自身の内部にある情報だけでは不足している場合，情報を外部に求めるとされている。つまり消費者の情報探索には内部探索と外部探索が存在することになる。そして，外部探索において消費者の探索の度合いがどの程度になるかは，消費者の関与の度合いによるものとされている。

ELMモデルは精緻化見込みモデル（Elaboration Likelihood Model）とも称され，Petty & Cacioppoにより提唱されたモデルのことである。提示された広告などの外部からの情報に対して，消費者がその情報をどの程度詳しく考える可能性があるかについて述べられている。

外部からの情報に接した消費者の行動は，まず消費者がその情報を処理しようとするかどうかの動機があるかにより，その後の情報処理の方向性が左右される。情報を詳しく確認すること，精緻な状態にすることを精緻化と言い，動機により精緻化するかどうかが決まるということである。そしてその動機がある場合には，次に与えられた情報を処理する能力があるかどうかによって態度が変わるとされている。消費者に情報を処理しようとする動機があり，さらにその情報を処理する能力がある場合，消費者はその情報に対して十分な考察を行い，対象となる製品やサービスに対して入念かつ合理的に検討するとされる。この消費者の行動は中心的ルートと呼ばれる。

一方で，もし消費者に精緻化する動機がない場合や，動機があったとしても情報を処理する能力がない場合には，十分な考察や検討は行われることがない。つまり精緻化はされないということである。そして，与えられた情報とは直接的に関係のない，周辺的な手がかりをもとにしてその後の態度が決定される。周辺的手がかりとは，情報そのものではなく，情報提供者に関する情報や，消費者の周囲に存在する者の言動や行動などが例として存在する。そして，この中心的ルートを外れた情報処理の流れは周辺的ルートと呼ばれる（図表7－2）。

例えば，消費者が旅行の広告を見たとしても，その広告を見た際に，旅行に対する動機が消費者に備わっていなければ，消費者はその広告を真剣には見ないであろう。またどこかに行こうという旅行に対する動機が備わっていたとし

図表７－２　精緻化見込みモデル

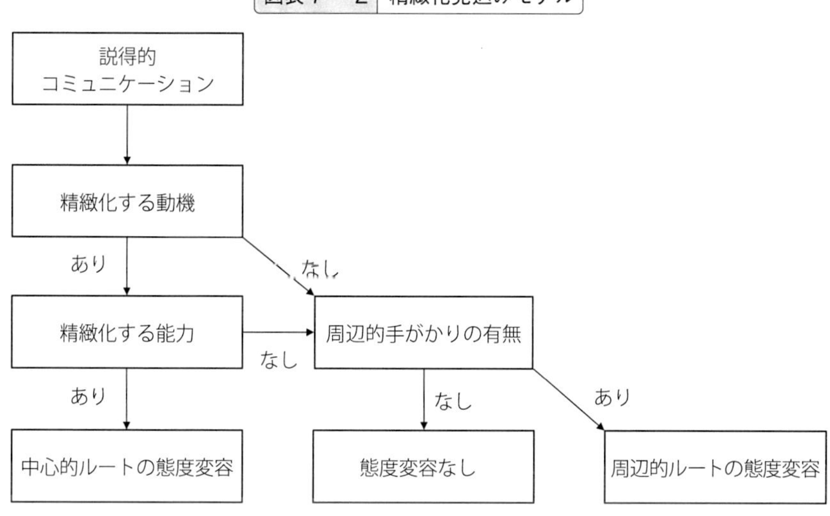

出典：Petty & Cacioppo（1986），p.126をもとに著者編集。

ても，宿泊先と交通機関の組み合わせが多岐にわたったり，出発日や使用する交通機関により旅行代金が大きく異なったりするなど，広告表記がとても複雑で，商品理解のために労力が必要な場合などは，消費者は広告を理解するための能力が必要となる。しかし，たまたま目に入った広告の場合などは，消費者はそれらを理解する能力を備えていないことがあるため，広告を真剣には見ようとはせず，より単純な広告に目が向くかもしれない。このように広告を真剣にみる（中心的ルートを通って精緻化する）ためには，動機と能力の双方が必要になる。

中心的ルートと周辺的ルートのどちらのルートを通るかについては，動機と能力が関係するが，Solomon（2013）はこの消費者の行動について関与の差が関係するとしている。関与とは消費者が感じる関心の程度といえ，受け取った情報について消費者との関わりが大きい，つまり関与が高ければ消費者は中心的ルートを辿り，関与が低ければ周辺的ルートを辿るとしている。中心的ルートを辿る消費者は受け取った情報に対して慎重に対応し，その内容について重要であると解釈した場合には，消費者の信念や態度に影響を与え，その結果として行動変化をもたらすことになる。

一方，周辺的ルートを辿る消費者は，受け取った情報に対しては深い反応を示さず，情報処理の過程についても製品を慎重に精査するのではなく，デザインや色，そのメッセージ性など，本質とは離れた部分に関心を示すことになる。その場合，消費者にとっては考え方や信念を変容させることに対して大きなこだわりがあるわけではないため，行動の変化についても容易なものとなる。

このように，消費者の態度形成については，中心的ルートと周辺的ルートの2つで形成され，認知的な態度形成は中心的ルート，感情的な態度形成については周辺的ルートで行われるとされている。

3 関与と知識

(1) 関　与

本章の冒頭で提示した，知人からの宿泊に関するアドバイスについて回答する際のことを考えてみる。アドバイスをする際に，その知人がどのような目的や予算で宿泊先を探しているかなど，ホテルに対してどのようなことを重視するかを確認することは当然必要なことだといえよう。そして質問者の重視する点は，その質問者である知人が抱える状況によって変わってくることが想定される。例えば仕事で急に行かなくてはならなくなったのか，それとも家族で休暇を過ごすために東京旅行を計画しているのか，その費用は会社から出るのかそれとも自分で支払うのかなど，質問者とホテルとの関わり方で重視すべき事項が異なってくることが想像できる。

一方で，質問された側も東京での宿泊について何かしらの思いをもっている可能性がある。相談をされるということは回答者がホテルについてそれなりの知識をもっているということを踏まえて質問をしている可能性が考えられる。例えば回答者が定宿にしているホテルがあったり，安いホテルをたくさん知っていたり，あるいは回答者がホテルや旅行会社で働いていたりする可能性もある。

これらの質問者と回答者，それぞれがホテルに対する関わりがあり，個々の思い入れやこだわりが発生してくる。こうした関わりについて消費者行動研究では関与（involvement）といい，思い入れやこだわりなどとしてとらえられている。そして，ELM モデルでも示されたように，関与は消費者の行動を左右すると考えられている。

関与概念は社会心理学において取り上げられた「自我関与」が発端とされる。自我関与とは，態度を形成する対象や事象が個人の自我領域と関わり合っている程度を表した概念とされている。社会心理学において関与は説得的コミュニケーションの効果の測定に用いられており，コミュニケーションが態度形成に与える影響を関与の高低でとらえようとしたものである。この例としてKrugman（1965）の広告効果研究がある。

関与は消費者の内部より発生するものだが，この関与に影響を及ぼす要素は多岐にわたる。宿泊先を聞いてきた質問者とそれに答える回答者のそれぞれがホテルとの関与があるといえるが，その性質は異なる。関与に関する考え方は多様であり，一部の例を挙げると，消費者の関与に影響を及ぼすものが消費者の内部または外部のどちらに存在するのか，関与に与える影響が永続的なのか一時的なのか，関与の変化や方向性の有無，関与が活性化するタイミング，関与が対象とするものなどがある。このように関与は多くの研究がなされており，関与概念の種類や範囲も多岐にわたる。そのためその分類も研究者によりさまざまな検討がなされている。

（２）Laaksonen による関与概念の把握

Laaksonen（1994）は消費者行動研究における関与概念の理解について，3つの観点から検証を行っている。その内容は，関与への認知に基づくもの，関与への個人的状態に基づくもの，関与への反応に基づくものであり，検証を行った結果，関与の認知に基づく定義が最も有望であるとしている。そして関与への認知に基づく定義の中で，関与の性質について特に3つを取り上げている。

①　関与の性質・連続変数としてとらえる

関与の性質の1つ目として，関与は連続変数としてとらえる点が挙げられる。

関与は個人と対象との心理的なつながりの程度に依存するものであり，関与水準は極めて低い水準から高い水準へと変化する。そのため関与は，順位付けられた連続体であるとしている。

Laaksonen は関与についての「認知に基づく定義」を先行研究から確認している。その中で関与に関する用語として「関与」「自我関与」「永続的関与」「規範的重要性」「製品への関与」「購買関与」が使われていることを抽出し，関与の定義について「個人が製品に熱中する程度を反映するもの」であることを確認している。そしてこの「認知に基づく定義」から，関与は強度の問題であり，対象に対する個人の態度の相対的重要性，ないしは対象に伴う結果の相対的重要性にかかわるものとして考えられるとしており，連続的に変化するとされている。

② 関与の性質・永続的性質を有する

次に，関与は態度の１つの特性としてとらえられ，永続的な性質を有するということが挙げられる。永続的な性質をもつ関与水準は一時的な状況特定的特性の影響は受けないが，個人と対象との間にすでに存在している関連性が反映されるとしている。継続して関与が続く永続的関与は，定義の対象が製品であるため製品関与とも名づけられている。

③ 関与の性質・方向性を有する

３つ目の性質は，関与が常に方向性をもつということである。この方向性については認知に基づく定義によるアプローチよりも，関与への個人的状態に基づくアプローチにおいてより多く説明されている。

例えば Cohen（1983）は，選択性が関与の本質的特徴であるため，関与は方向性に対して特定化されるべきであり，心理的な部分に方向づけられるとしている。また Mitchell（1979）も，関与の方向性は，製品カテゴリーや特定ブランドなどのレベル，あるいは特定の理由での製品購買レベルでも分析可能であるとしている。そして，方向性について，例えば広告や製品のような関与を刺激する対象やこの刺激に関連する購買のような何らかの活動としてとらえている。

（3）製品関与と購買関与

上記の通り，Laaksonen は関与の性質の1つとして永続的な点を挙げている。しかし，一時的な外部要因も特定状況において個人の関与水準に影響をあたえることがある。これらの永続的な状態と状況的な状態に関連して，「対象特定的関与」と「状況（課題）特定的関与」とに関与を区分しているのが青木（1989）である。「対象特定的関与」とは消費者がある特定の対象物に対して示す関与であり，その関与は永続的なものとされる。これは Laaksonen が挙げている永続的性質に関連し，当該対象物が消費者個人の価値の実現とより多く関係するほど，当該対象物に対する関与が高くなることが考えられ，価値関連的な性格をもつとされる。そして，この例として「製品関与」が挙げられる。製品関与とは，目標達成の手段となる製品により活性化された心理状態のことをいい，製品を消費や所有することが個人の価値の実現につながる場合に発生するとされる。そのため，製品が目標達成のための動機づけとなる（図表７－３）。

一方，「状況（課題）特定的関与」とは，特定の状況における課題達成を契機として喚起される関与であり，その状況において達成されるべき課題の重要性，つまり課題達成と消費者個人との価値体系との間に規定される。典型例としては「購買関与」が挙げられる。購買関与は購買時点の知覚リスクなどに起

図表７－３　製品関与

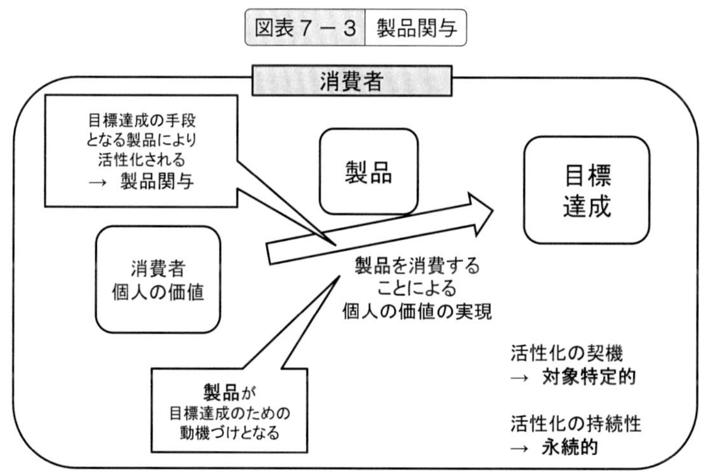

出典：羽田（2022），p.30。

図表7－4　購買関与

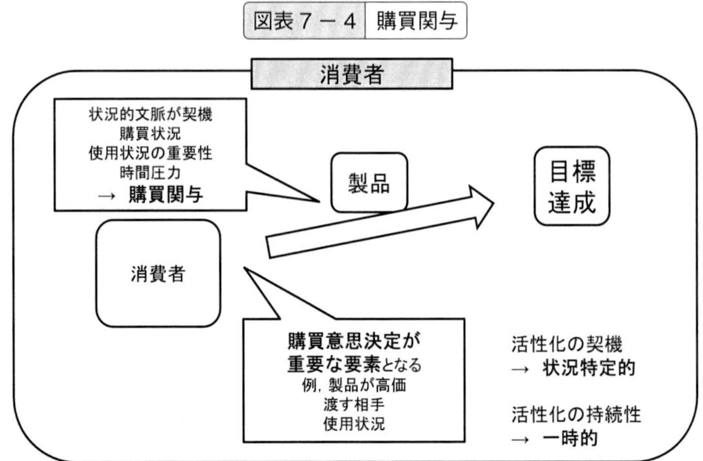

出典：羽田（2022），p.30。

図表7－5　製品関与と購買関与の比較

	活性化の契機	活性化の持続性	関与の源泉
製品関与	対象特定的	永続的	消費者特性 価値，目標，動機など製品特性 属性，価格，象徴的意味など
購買関与	状況特定的	一時的	状況的文脈 購買状況，使用状況，時間圧力など

出典：石川・佐々木・石原（2021），p.28より著者作成。

因する。製品関与とは異なり，製品そのものではなく，例えばその製品を渡す相手であるとか，製品の使用状況など，購買意思決定を行うこと自体が重要な要素となっている（図表7－4）。

まとめると，製品と消費者とが価値の実現で結びついているのが製品関与であり，価値・目標・動機などの消費者特性や，属性・価格・象徴的意味などの製品特性が関与の源泉となる。活性化の契機は対象特定的であり，活性化は永続的に持続する。一方，購買関与は，購買状況や使用状況，時間圧力などの状況的文脈が関与の源泉となる。活性化の契機は状況特定的であり，活性化の持続性は一時的である（図表7－5）。

先ほどのホテルの質問についての事例でいえば，質問者は必要にかられて宿泊をしなければならないという状況にあり，今回の場合は購買関与にあたるといえる。そして回答者については，回答者が旅行好きで，日ごろから宿泊施設の情報収集が趣味であったりするとするならば，ホテルに対しての知識を得ることそのものが回答者の動機につながるといえ，活性化は永続的であると考えられ，製品関与にあたるといえる。

（4）知　識

ホテル選びについて相談をした質問者は，おそらく回答者の方が質問者よりも東京のホテルについて詳しいと考えたために質問をしたと考えられる。どの場所にあるのか，どれくらいの予算があれば泊まれるのか，部屋の広さはどの程度異なるのかなど，ホテルについての情報は多岐に及ぶ。それでは回答者が最初からそれらのホテルの知識をもっていたのかといえばそうではなく，回答者も知らないことについては過去にさまざまな情報源から情報を取得していたであろう。そして回答する際には，自分が過去に宿泊したり調べたりした経験をもとに回答することが想定される。このように，消費者が以前からもっていた情報や，調べたり聞いたりして新たに得た情報のことを「知識」という。質問者と回答者の知識の量が異なるように，消費者ごとに知識の量や質は異なる。

知識には消費者が自分の周りの環境の解釈を行うために用いられる一般知識と，物事を行うやり方に関する知識である手続的知識の２種類が存在する。また，商品などについて正確な情報であり長期記憶の貯蔵されている客観的知識と，商品などについて自分がどのように知っているかを示す主観的知識という分類も存在する。

そして，消費者の理解を助けるために，知識は分類するための仕組みとして構造化がなされている。消費者はこの構造化された知識を元に，情報の処理を行う。この構造は階層構造，ネットワーク構造，フレーム構造などに分けられる。

（5）関与と知識の関係

関わり合いの度合いを示す関与と，商品に関する情報である知識は，両方とも高低が存在する。製品関与度と消費者の知識について，それぞれの掛け合わせにより情報探索パターンや購買特性，コンタクト・ポイントが異なるとして分類を行っているのが清水他（2012）である。そして清水他が作成した複数の比較表を1つにまとめているのが羽田（2021）である（図表7－6）。この表からは，関与と知識の高低による相違点が確認できる。例えば情報探索に最も多くの努力量をかけるのが高関与で低知識の場合であり，非常に少ない努力量となるのは低関与で低知識の場合となる。また，意思決定ルールについて，消費者が高関与の場合は知識の高低に関わらず補償型の意思決定ルールがとられ，低関与の場合は非補償型あるいは感情参照型が取られる。補償型の意思決定ルールは，ある属性の評価が低くても，別の属性で補償・補完して評価すると

図表７－６　関与と知識による購買の特性とコンタクト・ポイント

<table>
<tr><th></th><th>高関与・高知識</th><th>高関与・低知識</th><th>低関与・高知識</th><th>低関与・低知識</th></tr>
<tr><td>情報探索パターン</td><td>限定的問題解決
（中程度の努力量）</td><td>拡張的問題解決
（非常に多くの努力量）</td><td>限定的問題解決
（少ない努力量）</td><td>拡張的問題解決
（非常に少ない努力量）</td></tr>
<tr><td>意思決定ルール</td><td colspan="2">補償型</td><td colspan="2">非補償型，感情参照型</td></tr>
<tr><td rowspan="2">購買前コンタクト・ポイント</td><td rowspan="2">・パンフレットやインターネットなどの文字情報
・現物
・深い品揃え
・ブランド再生</td><td rowspan="2">・販売員
・友人，家族からの口コミ
・ある程度の深さの品揃え</td><td colspan="2">・開放的チャネル，店頭での露出の最大化，広い品揃え</td></tr>
<tr><td>・サンプリング
・ブランド再認の手がかり情報
・深い品揃え
・探索支援，特徴づけ</td><td>・ブランドの限定的役割</td></tr>
<tr><td>購買時コンタクト・ポイント</td><td>・バリュー・フォー・マネー
・高い性能水準を備えた製品</td><td>・中～高価格
・基本的属性を備えた製品</td><td>・絶対的な低価格
・バリュー・フォー・マネー</td><td>・絶対的な低価格
・ローエンドの製品
・値引きのシグナル</td></tr>
<tr><td>購買後コンタクト・ポイント</td><td>・ブランド使用体験</td><td>・不協和削減のためのプロモーション</td><td>・ブランド使用体験</td><td></td></tr>
<tr><td>価値伝達の方法</td><td>・プル戦略
（製品力・ブランド力）</td><td>・プッシュ戦略
（人的情報源）</td><td>・プル戦略＋プッシュ戦略
（店頭への配荷力，製品力・ブランド力）</td><td>・プッシュ戦略
（店頭への配荷力・低価格）</td></tr>
</table>

出典：羽田（2021），p.107。

いうルールであり，非補償型に比べて情報処理の負荷が大きい。つまり関わりの度合いが大きければ，より慎重な意思決定を行い，小さければ，決定のルールを簡略化して，選択のための努力量や時間を減らすことになる。そのため，購買前や購買時のコンタクト・ポイントも関与の高低では異なるため，消費者に対しての露出の方法や場所について考慮する必要がある。

主要参考・引用文献

青木幸弘（1987），「関与概念と消費者情報処理（1）—概念的枠組と研究課題—」『商學論究』（関西学院大学），35(1)，pp.97-113.

青木幸弘（1989），「消費者関与の概念的整理—階層性と多様性の問題を中心として—」『商學論究』（関西学院大学），37(1 ～ 4)，pp.119-138.

阿部周造（1984），「消費者情報処理理論」中西正雄編著『消費者行動分析のニュー・フロンティア—多属性分析を中心に』誠文堂新光社.

石川和男・佐々木茂・石原慎士（2021），『入門　マーケティングの核心　—マーケティングの未来を展望する—』同友館.

金成洙（2020），『消費者行動論—モノからコト・トキ消費へ—』白桃書房.

厚生労働省（2023），「旅館・ホテル営業の施設数・客室数及び簡易宿所・下宿営業の施設数・許可・廃止・処分件数，都道府県—指定都市—中核市（再掲）別」『衛生行政報告例』.

清水聰（1999），『新しい消費者行動』千倉書房.

清水聰（2006），『戦略的消費者行動論』千倉書房.

清水幸弘・新倉貴士・佐々木壮太郎・松下光司（2012），『消費者行動論　マーケティングとブランド構築への応用』有斐閣アルマ.

田中洋（2015），『消費者行動論』中央経済社.

羽田利久（2021），「着地型観光における選択の関与度概念の援用可能性について」『東洋大学大学院紀要』第 57 集，p.107.

羽田利久（2022），「低関与な旅行者にインストア・マーチャンダイジングの考え方を援用した観光地域活性化に関する基礎的考察」東洋大学博士学位論文.

Bettman, J. R. (1979), *An Information Processing Theory of Consumer Choice*. Addison-Wesley.

Cohen, J. B. (1983), “Involvement and you: 1000 great ideas”, *Advances in Consumer Research*, 10, pp.325-328.

Drucker, P. F. (1974), *Management: Tasks, Responsibilities, Practices*, New York: Harper & Row, Publishers.（野田一夫・村上恒夫監訳（1980），『マネジメント』ダイヤモンド社.）

Engel, J. F., D. T. Kollat & R. D. Blackwell (1968), *Consumer Behavior*. Holt, Rinehart and Winston.

Howard, J. A. & J. N. Sheth (1969), *The Theory of Buyer Behavior*, Wiley & Sons.

Krugman, H. E. (1965), "The impact of television advertising: Learning without involvement". *Public Opinion Quarterly*, 29, pp.349-356.

Laaksonen, P. (1994), *Consumer Involvement: Concepts and Research*, Routlege. (池尾恭一・青木幸弘監訳 (1998), 『消費者関与：概念と調査』千倉書房.)

Mitchell, A. A. (1979), "Involvement: A potentially important mediator of consumer behavior", *Advances in Consumer Research*, 6, pp.191-196.

Nicosia, F. M. (1966), *Consumer Decision Processes, Marketing and Advertising Implications*, Prentice-Hall, Inc.

Petty, R. E., & J. T. Cacioppo (1979), "Issue involvement can increase or decrease persuasion by enhancing message relevant cognitive responses". *Journal of Personality and Social Psychology*, 37(10), pp.1915-1926.

Solomon, M. R. (2013), *Consumer Behavior: Buying, Having and Being 10th. ed.*, Pearson. (松井剛 監訳 (2015)『ソロモン 消費者行動論』丸善出版.)

（羽田 利久）

第8章

インターナル・マーケティング

❶ インターナル・マーケティングの概略

(1) インターナル・マーケティングとは

企業が従業員に対して行うマーケティングが，インターナル・マーケティングである。従業員の満足を高めることで顧客満足度の向上を図り，それによって企業の利益が生み出されるという考え方である。つまり，従業員満足を高めることが企業利益につながるということを示しており，企業による従業員へのマーケティングの重要性を論じたものである。特にサービスの提供に際しては，従業員は顧客と直接インタラクションが生じることから，従業員満足は非常に重要であると考えられる。

ここで，企業，従業員，顧客の関係において，それぞれ以下の3つのマーケティングのアプローチがある。

まず，企業から顧客に対して行われるマーケティングのことを「エクスターナル・マーケティング」という。いわゆる一般的な企業が顧客側に行うマーケティングのことである。そして，従業員から顧客に対して行われるマーケティングのことを「インタラクティブ・マーケティング」という。これは従業員が直接的に顧客に対して行うマーケティング活動である。3つ目が，本章の主題でもある企業から従業員に対して行うマーケティングのことで「インターナル・マーケティング」という。

図表8－1　社内外のマーケティングにおける関係

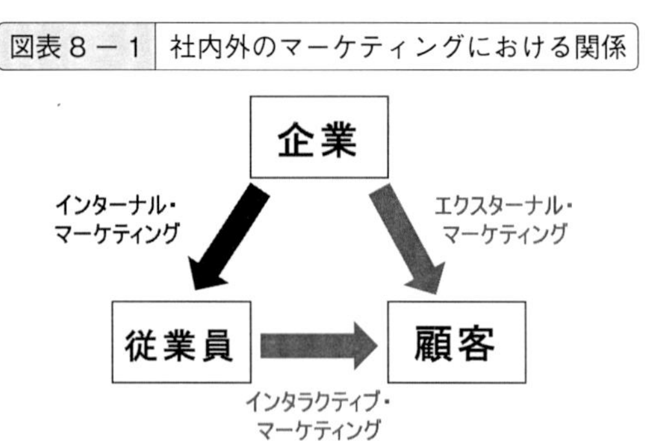

出典：Kotler（2000）邦訳，p.537をもとに一部改変。

（２）サービス・プロフィット・チェーン

改めて，インターナル・マーケティングとは，企業から従業員に対してアプローチするマーケティング活動であり，従業員満足を向上させることによって，顧客満足や業務向上などにつながっていくことになる。では，なぜ従業員満足を向上させることが，顧客満足や業務向上につながっていくのか。それは，サービス・プロフィット・チェーンという考え方が大きく関係している。

サービス・プロフィット・チェーンとは，従業員満足度と顧客満足度と企業の業績の関係性を表したものである。Heskett et. al. (2008) は，「サービス・プロフィット・チェーンとは，収益性，顧客ロイヤリティ，従業員満足，従業員ロイヤルティ，そして生産性のそれぞれを関係づけるものである。」としており，これらはいくつかの因果関係によって成り立っている。

サービス・プロフィット・チェーンの流れは図表８－２のとおりである。

① 利益や企業の成長は顧客ロイヤルティに刺激される

② 顧客ロイヤルティは顧客満足の直接的な結果によって生み出される

③ 満足は顧客に提供されるサービスの質によって生み出される

④ サービスの質は，満足し忠実で，誠実な従業員によって生み出される

⑤ 従業員の満足は，従業員が顧客に成果を提供できるような，質の高いサポートや企業のサービス方針，教育によって生み出される

さらに，これらの企業の売上などが，福利厚生や給与・待遇などに反映されることでさらに従業員満足が向上することにもつながるため，従業員満足が高

図表８－２　サービス・プロフィット・チェーン

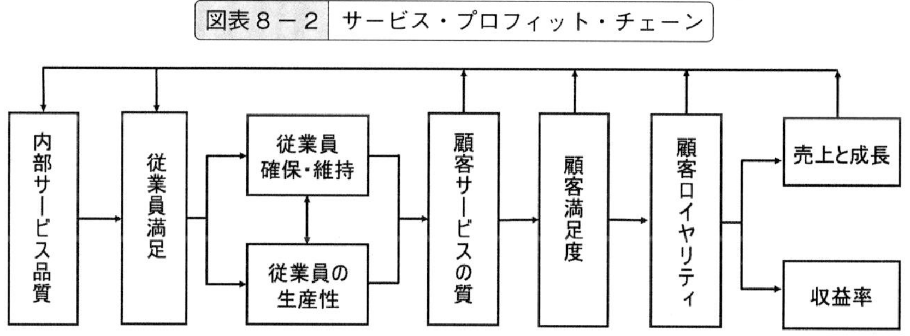

出典：Heskett et. al. (2008) より一部改変。

まると，顧客満足も高まり，企業の利益も高まっていく，という好循環が生じるのである。

（3）インターナル・マーケティングとインターナル・ブランディング

サービス・プロフィット・チェーンを理解することで，従業員の満足が顧客満足や企業の売上に結びつく重要な要素の１つであることが理解できよう。ここで，その従業員満足を向上させるためのマーケティングこそがインターナル・マーケティング，ということになる。

コトラー他（2022b）では，「「インターナル・マーケティング」とは，サービス企業が，顧客に対応する従業員とサポートするサービス担当者がチームとして働いて，顧客満足を提供するように方向づけ，動機づけしなければならないということである。」とし，木村（2007）では，「インターナル・マーケティングとは，組織がその目標を中長期的に達成することを目的として，実施する，内部組織の協働のための一連のプロセスあるいはコミュニケーションの活動である」としている。したがって，インターナル・マーケティングは企業が，内部組織に対して行っているマーケティング活動といえるのである。

このアプローチは企業側が従業員に対して，教育やスキルの向上などといった適切なアプローチを行うことが重要である。インターナル・マーケティングの特徴は，従業員を「内部顧客」として考えているという点である（図表８－３）。つまり，「内部顧客」に対して企業がアプローチしているということにな

図表８－３　インターナル・マーケティングの概念図

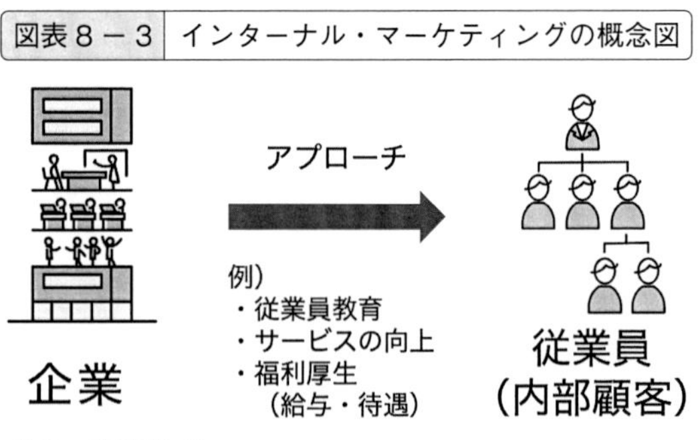

出典：著者作成。

る。一方，顧客は「外部顧客」として考えられ，外部顧客に対して企業がアプローチするものを「エクスターナル・マーケティング」と呼ぶ。

インターナル・マーケティングのアプローチ方法として，企業側は経営方針を明確に示した従業員教育を行うことが重要である。そして，企業の情報を共有することで，組織への理解を深め，さらに，福利厚生など従業員の周辺環境も整備することによって，従業員のモチベーションの維持や向上を図っていく。これらが従業員満足につながることができた際，サービス・プロフィット・チェーンの流れにより，ブランドロイヤルティの高い顧客との長期的な関係を維持することが可能となっていくのである。

インターナル・マーケティングに関連して，従業員に対して自社の企業理念などを，従業員教育などを通じて共感を促すことで自社の企業価値を向上させようとする動きをインターナル・ブランディングと呼ぶ。インターナル・ブランディングは2つの大きな目的がある。1つ目は「ブランドイメージの社内浸透を図る」こと，2つ目は「社内（従業員）の活性化を図ること」である。そして，場合によっては「企業理念や経営理念を再認識させ，さらなる浸透を図る」といったことも挙げられる（岡田（2021）より）。

これらの目的を達成することで従業員の意識改革や企業全体が一体感をもって行動することにつながり，より質の高い製品・サービス提供が可能になるのである。それが企業の業績などにもつながるため，長期的な取り組みとして，企業内で行うことが重要である。

2 地域DMOに着目したインターナル・マーケティング

地域においてインターナル・マーケティングを考える際は，行政や地域DMOなどの主体から地域住民や事業主体者へという形で置き換えることができる。つまり，地域において地域住民らに対して，事業目的や目標，コンセプトアイデア，当該地域が目指す姿などを共有することで，地域への愛着や，地域への満足度が高まることにつながる。そして，満足度の高い地域住民や事業主体が観光客を受け入れることによってより良いサービスを来訪者に対して提供することにつながる，というのが地域におけるインターナル・マーケティングの流れであるといえよう。

したがって，本節では地域 DMO に着目したインターナル・マーケティングの活用事例について見ていく。

（1）雪国観光圏

雪国観光圏は，新潟県，群馬県，長野県の3県7市町村（新潟県：魚沼市・南魚沼市・湯沢町・十日町市・津南町，群馬県：みなかみ町，長野県：栄村）による広域観光圏であり，2008年に観光庁が認定したエリア全体で地域活性化を目指していく広域連携 DMO である。

■ブランドコンセプト『真白き世界に隠された知恵と出会う』

7つの行動指針

① 世界レベルで通用するための「価値」を追求していきます。

② 持続可能であり，中長期にわたりブランド構築できる事業を重視します。

③ 地域や立場にこだわらず，お客様にとっての価値を重視します。

④ 雪国ならではの文化を大切にし，先人の知恵を学びます。

⑤ 広域に点在するものをつなぎ合わせ，新しい価値を生み出します。

⑥ 古いものを磨き上げ，新しい価値を生み出します。

⑦ 豊かな自然や地域固有の資源を残すための環境保全に尽力します。

■雪国観光圏の主な活動

事業者向けの観光地域づくり研修・セミナーの開催，観光事業者全体での戦略会議や情報共有を行うワーキンググループを開催することによる共有認知の拡大，地域滞在プログラムの支援，雪国文化を体験する「N37° 雪国文化の学校」，観光地域づくりマネージャーによる地域住民向けワークショップの開催，「雪と旅」の刊行（図表8－4）など。

雪国観光圏は広域観光圏であり，地域 DMO としては非常に広い地域をまとめている団体である。したがって，観光事業者全体で，集まることを定例化し，こまめなセミナーを開催することによって，情報共有のきっかけを作り，雪国観光圏全体で足並みを揃え，事業を進めていくことが可能となっている。また，「雪国文化」をテーマに旅の学校や，伝統文化を学ぶ旅プランを行うことによる，伝統文化の継承などにも力を入れている。

図表8－4　雪と旅2023-4冬春号

出典：「雪と旅」HPより。

（2）北海道・小樽市

北海道小樽市は北海道の中でも比較的アクセスが良く，多くの観光客が訪れる観光地の1つであり，2022年に地域DMOとして登録された地域である。

ビジョン『訪れる人が物語の主人公になれる観光都市へ』
コンセプト「小樽2.0」：2をテーマに小樽観光をバージョンアップ

・2つのエリア（市内中心部と朝里川温泉）
・2つのターゲット（国内客と海外客）
・2度目の小樽（日帰りと宿泊，様々な観光施策を展開）
・2つの楽しみ（朝も夜も楽しめる観光地に）
・2つの力（民と官が協力し小樽を活性化）

■小樽市の主な活動

小樽ファンが支えるふるさとまちづくり寄附条例の制定（ふるさと納税より），地域住民が参加する取り組みである「小樽雪あかりの路」，小樽観光大学校の

図表８－５　月刊小樽自身

出典：おたるポータルより。

設立，小樽の歴史・文化などの講座，「おたる案内人認定制度」，「おたる案内人ジュニア育成プログラム」，観光施設で働く人向けのミニナイトツアーの開催，月刊「小樽自身」の発行（図表８－５），「FM おたる」など。

小樽市で DMO が認定されるのは 2022 年であるが，地域住民が中心となって積極的に観光地街づくりを行ってきた自治体の１つである。小樽の文化や観光などを支える人材育成に力を入れており，産学官（小樽市，小樽商工会議所，小樽商科大学，（一社）小樽観光協会）により小樽観光大学校が設立された。その中では小樽市の歴史や文化などの講座が開かれている。

また，実際に小樽の文化などを小中学生の頃から知ってもらうために，「おたる案内人ジュニア育成プログラム」や，大人向けにも「おたる案内人認定制度」など小樽の歴史・文化・観光に関するプロフェッショナルを育成するプログラムやセミナーなども開催されている。また，観光事業者向けにミニナイトツアーを開催するなど，事業者に対しても地域の情報についてアップデートしてもらえるような取り組みなども行われている。

このように小樽は，小樽の歴史・文化について地域住民全体に浸透させることによる，地域ロイヤルティの醸成を行っていることがわかる。これらの取り組みなどを含め，小樽で開催されるイベントなどにはたくさんの市民ボランティアの方が参加しているなど，まさに地域住民全体で，小樽観光を盛り上げているのである。

（3）まとめ

以上，2つの地域DMOに関して事例を挙げたが，これらの地域DMOにおける事例の共通点は3つある。

1つ目に地域におけるコンセプトや認知して欲しいことが明確に掲げられているということである。雪国観光圏は「7つの行動指針」として明確に項目ごとに掲げている。小樽市は「2」をテーマにすることで，事業者・地域住民にわかりやすい目標を提供している。このようにコンセプトやテーマが明確であることは事業者全体が同じ方向に向くための道しるべとなるため，わかりやすく明瞭なコンセプトは非常に重要である。

2つ目は定期的な勉強会やセミナー，イベントの開催を行うことによる，知識や教育提供の場の確保がなされていることである。雪国観光圏では，観光地域づくり研修・セミナーの開催や戦略会議，住民向けのワークショップの開催などが行われている。小樽市では住民向けに官民連携で立ち上げた小樽観光大学校や「おたる案内人認定制度」などである。

単発ではなく，定期的に知識提供の場を設けることは，地域観光におけるサービスの質の向上やその土地の歴史・文化などを学ぶことから得られる地域ロイヤルティの向上にもつながるため長期的な運営に非常に有効である。

3つ目は，各地域で雑誌を刊行していることである。雪国観光圏では「雪と旅」，小樽市では「月刊小樽自身」が刊行されている。このような雑誌を定期的に刊行することで，観光客のみならず，地域住民全体にとっても観光スポットやその土地の文化や歴史などを再認知してもらうことができる。

このような，地域DMOにおけるインターナル・マーケティングは，地域全体に対する理解を深め，その地域がより良い地域になるよう，長期的に運用できるような仕組み・体制作りが求められる。

3 ホスピタリティ産業におけるインターナル・マーケティングの活用

次にホスピタリティ産業におけるインターナル・マーケティングの事例についてみていく。

(1) ザ・リッツ・カールトン

ザ・リッツ・カールトンは，1927年にアメリカ・ボストンに「ザ・リッツ・カールトン」が開業し，1994年より，マリオット・インターナショナルの傘下となっているラグジュアリーホテルである。

ザ・リッツ・カールトンは「紳士淑女をおもてなしする私たちもまた紳士淑女である」というモットーを掲げている。そして，企業理念として「ゴールド・スタンダード」を掲げており，ホテルとコミュニティの両方でのサービスへの揺るぎない取り組みを目指している。

これらを継続的に実現するために，「クレド」，「従業員への約束」，「モットー」，「サービスの3ステップ」，「ザ・リッツ・カールトン・ベーシック」があり，それらを従業員教育の中で理解し，共有する仕組みをとっている。また，これらの指針をカードにまとめ，従業員は常に携帯することで，自分たちの行動を素早く振り返ることができる。これが，「クレドカード」の存在である。クレドとは，ラテン語で「信条」という意味にあたり，クレドカードは企業における信条や行動規範のようなものが記載されているものである。このカードを従業員全体で共有することによって，従業員全体のサービス向上のみならず，従業員ロイヤルティの向上にもつながっている。企業理念やモットーを認識させ続けるためのクレドカードの存在は，顧客満足を向上させる責任と権限をある程度現場に与える決裁権を使用する際や，お客様にサービスを行う際の行動指針として，従業員の中のベーシック理論として自然と叩き込まれるのである。

THE RITZ-CARLTON　クレド

リッツ・カールトンはお客様への心のこもったおもてなしと快適さを提供することをもっとも大切な使命とこころえています。

私たちは，お客様に心あたたまる，くつろいだそして洗練された雰囲気を常にお楽しみいただくために最高のパーソナル・サービスと施設を提供することをお約束します。

リッツ・カールトンでお客様が経験されるもの，それは，感覚を満たす心地よさ，満ち足りた幸福感そしてお客様が言葉にされない願望やニーズをも先読みしておこたえするサービスの心です。

従業員との約束

リッツ・カールトンではお客様へお約束したサービスを提供する上で，紳士・淑女こそがもっとも大切な資源です。

信頼，誠実，尊敬，高潔，決意を原則とし，私たちは，個人と会社のためになるよう，持てる才能を育成し，最大限に伸ばします。

多様性を尊重し，充実した生活を深め，個人のこころざしを実現し，リッツ・カールトン・ミスティークを高める・・・

リッツ・カールトンはこのような職場環境をはぐくみます。

モットー

“WE ARE LADIES AND GENTLEMEN SERVING LADIES AND GENTLEMEN.”

サービスの３ステップ

1　あたたかい，心からのごあいさつを。お客様のお名前でお呼びします。
2　一人一人のお客様ニーズを先読みし，おこたえします。
3　感じのよいお見送りを。さようならのごあいさつは心をこめて。お客様のお名前をそえます。

そして，これらのサービスを行った顧客情報などは「リッツ・カールトン・ミスティーク」，いわゆる顧客情報として，顧客の趣味趣向や，情報を書き込んでいる。これらの情報が従業員全体で共有できることで，より良いサービスや安定したサービス供給が行えるのである。

また，特に優秀であったサービス例を「ワオ・ストーリー」とし，これらを全世界のリッツ・カールトンにて共有している。そして，ゴールド・スタンダードを基準とし，優秀な接客を行った人を「ファイブスター」として表彰する従業員表彰制度があり，サービス・アンバサダーとして１年間迎える制度なども整っている。

（2）スターバックス

スターバックスは1971年にアメリカのワシントン州シアトルにて開業し，全世界で約1,800店舗を展開する大手コーヒー・チェーン店である。

スターバックスはミッションとして，「人々の心を豊かで活力のあるものにするために―ひとりのお客様，一杯のコーヒー，そしてひとつのコミュニティから」を掲げている。OUR VALUESとして，以下を述べている。

> 私たちは，パートナー，コーヒー，お客様を中心とし，Valuesを日々提供します
> - お互いに心から認め合い，誰もが自分の居場所と感じられるような文化を作ります。
> - 勇気を持って行動し，現場に満足せず，新しい方法を追い求めます。スターバックスと私たちの成長のために
> - 誠実に向き合い，威厳と尊敬を持って心を通わせる，その瞬間を大切にします。
> - 一人ひとりが全力を尽くし，最後まで責任を持ちます。
>
> 私たちは人間らしさを大切にしながら成長し続けます。

大手飲食チェーンであるスターバックスは，「特別な空間を提供する」ため，入社時のOJTを充実させることで，スタバの世界観を認知させている。スターバックスは以下の行動指針をまとめている。

> **スターバックス　行動指針**
> - お互いに尊敬と威厳を持って接し，働きやすい環境を作る
> - 事業運営上での不可欠な要素として多様性を受け入れる
> - コーヒーの調達や焙煎，新鮮なコーヒーの販売において，常に最高級のレベルを目指す
> - 顧客が心から満足するサービスを常に提供する
> - 地域社会や環境保全に積極的に貢献する

・将来の繁栄には利益性が不可欠であることを認識する

この行動指針をもとに，スターバックスは採用時に80時間の研修を行うなどの従業員教育に力を入れている。従業員教育をしっかりと行うことが従業員のサービス向上や従業員満足度向上に結果的につながる要因になるのである。またミッションやバリューを元に成長の階段という従業員に対する成長モデルを策定している。

また，従業員のロイヤリティを高める活動の１つとして，「グリーン・エプロン・カード」がある。これは良い接客をしただけでなく，素晴らしい行動をした人に対して，上司，部下関係なく，感謝の気持ちを伝えることができるものである。従業員同士で，お互いの行動を讃えあうことは，従業員自身の満足度も上がり，またさらなるサービス力の向上にも間接的につながっていく。

従業員の福利厚生の面では，パートナービーンズと題して，自己研修を兼ねた週に１回のコーヒー豆の支給や，パートナー割引，災害時相互援助制度，バリスタなどトレーナ育成プログラムによるスキルサポート，などが行われている。

（3）加賀屋

石川県和倉温泉にある加賀屋は，1906年に開業した100年以上続く大型高級複合型旅館である。

加賀屋は「笑顔で気働き」をモットーにしている。「気働き」とは「事の成り行きに応じて即座に心の働くこと，気の利くこと」であり，マニュアルだけにとらわれないおもてなしを目指している（石川・戸谷（2008）より)。

また，品質方針として以下を掲げている。

加賀屋の品質方針

① お客様の期待に応える―お客様のご要望に対して，万全のお応えをする姿勢でサービスを提供する。

② 正確性を追求する―お客様の望まれること（時，物，心，情報）を理解し，正しくお応えする。

③ おもてなしの心で接する―お客様の立場に立って思いやりの心で接遇する。
④ クレーム0（ゼロ）を目指す―予防と是正に心がけ，お客様からのクレームがなくなるよう継続的改善を行う。

これらのモットーや品質方針を遂行するための充実した研修制度として，入社時のサービス導入研修の充実や，着物の着付け研修，周辺観光に関する研修など，お客様の希望に応えるための研修が用意されている。また，継続的に勉強会を行うことによるサービスクオリティの向上も図られている。

加賀屋の大きな魅力の1つとして，大型旅館にもかかわらず一人一部屋に仲居（客室係）が付き接客を行う「ベタベタサービス」が行われていることがある。仲居は，勤務中自らの裁量や判断で動くことが非常に多く，感覚的なことや経験などが必要とされる仕事であるともいえる。このサービス品質を保つために，研修は教育担当が1人1人について実施し，客室係の基礎を学んでいる。約3ヶ月の研修を受け，女将による審査後初めて独り立ちできるのである。このように仲居従業員に対して，加賀屋のサービスを安定して届けるための研修が行われていることがわかる。

また，女性従業員が多いため，子供を育てながら安心して働ける環境づくりに取り組んでいる。その一環として，8階建ての専用施設を設け，保育園と母子寮がある。また，アメリカへの研修ツアーやビジネススキルアップのためのセミナーなども定期的に開催しており，加賀屋のサービスに集中できる環境づくりが行われている。

（4）まとめ

ここまで3つの事例を挙げホスピタリティ産業におけるインターナル・マーケティングの事例を見てきた。

これらの事例に通じていえるものは，目標（モットーなど）が明確であり，かつ，そのための方向性（行動指針・品質方針など）が明確なことである。企業における目標設定が明瞭なことは，従業員への教育や共通認識が非常に行いやすくなるため，有用である。また，ザ・リッツ・カールトンではカードとしてそれらを携帯し，スターバックスや加賀屋においては従業員研修の徹底などを行うことで，常日頃から企業理念を頭に置きながら働くことができる環境下であることが伺える。

もう1つは，福利厚生など，従業員に対するアプローチに工夫がなされていることである。ザ・リッツ・カールトンでは，従業員のサービス向上において「ファイブスター」制度や「ワオ・ストーリー」など，従業員が従業員の良いところを見つけることで，それらのロールモデルをインプットする機会をこまめに与えている。それぞれの従業員の働きが，リッツ・カールトンのサービス品質をさらに向上させるための材料となっている。

スターバックスはカフェ形態であり，アルバイトの雇用も宿泊業に比べて多いことから，コーヒー豆の支給や，割引など日頃から使用できる制度を整えるほか，さらなるスキルアップなどを補助するための研修制度など，従業員のやりがいの部分をサポートする制度が整っている。

加賀屋は，大型の旅館でありながら高品質のサービスを提供することが求められているため，徹底したサービス研修を行うことで，サービスクオリティを保つ取り組みが行われている。また，女性の仲居が多いこと，そして，部屋付きの勤務が夕食時になるなど，不規則な時間勤務のことを踏まえ，女性と子供のための寮を完備し，保育園も併設するなど，宿泊業の特徴である不規則な勤務環境に対応した生活環境の整備や補助が行われている。

主要参考・引用文献

Berry, Leonard L., James S. Hensel & Marian C. Burke (1967), "Improving Retailer Capability for Effective Consumerism Response", *Journal of Retailing*, Vol.52, No.3, pp.3-14.

Heskett, James L., Thomas O. Jones, Gary W. Loveman, W. Earl Sasser, Jr., and Leonard A. Schlesinger (2008), "Putting the Service-Profit Chain to Work", *Harvard Business Review*, 72(2), pp.164-174.

Kotler, Philip (2000), *Marketing Management: Millennium Edition, Tenth Edition*, Peason Education.（恩藏直人 監修，月谷真紀 訳（2001）『コトラーのマーケティング・マネジメント（ミレニアム版）』ピアソン・エデュケーション.）

石川裕之・戸谷圭子（2008),「日本を代表する旅館「加賀屋」（和倉温泉)」『同志社ビジネスケース』, pp.1-21.
岡田裕幸（2021),『インターナル・ブランディングの理論と実践』中央経済社.
木村達也（2007),『インターナル・マーケティング：内部組織へのマーケティング・アプローチ』中央経済社.
フィリップ・コトラー，ケビン・レーン・ケラー，アレクサンダー・チェルネフ，恩藏直人監訳（2022a),『コトラー＆ケラー＆チェルネフマーケティング・マネジメント』丸善出版.
フィリップ・コトラー，ゲイリー・アームストロング，マーク・オリバー・オプレスニク，恩藏直人監訳，アーヴィン香苗・小林朋子・パリジェン聖絵・宮崎江美訳（2022b),『コトラーのマーケティング入門』，丸善出版.
近藤隆雄（2010),『サービス・マーケティング：サービス商品の開発と顧客価値の創造　第2版』生産性出版.
佐々木茂・石川和男・石原慎士（2022),『新・地域マーケティングの核心：地域ブランドの構築と信頼される地域づくり』同友館.
四方啓暉（2021),『リッツ・カールトンの究極のホスピタリティ新装版』河出書房新社.
鈴木好和（2017),『企業を世界一にするインターナル・マーケティング』創成社.
徳江順一郎（2022),『ホスピタリティ・マネジメント　第3版』同文舘出版.
ジョゼフ・ミケーリ，月沢李歌子訳（2009)『ゴールド・スタンダード：ザ・リッツ・カールトン・ホテル・カンパニー：世界最高のお客様経験を作り出す5つのリーダーシップ法』ブックマン社.
森下俊一郎（2023),『おもてなしの理念，知識，異文化のマネジメント』晃洋書房.
小樽市 HP　https://www.city.otaru.lg.jp/（2024.1.27. アクセス）
小樽市観光協会 HP　https://otaru.gr.jp/（2024.1.27. アクセス）
加賀屋 HP　https://www.kagaya.co.jp/（2024.1.27. アクセス）
観光庁 HP　https://www.mlit.go.jp/kankocho/index.html（2024.1.27. アクセス）
ザ・リッツ・カールトン HP　https://www.ritzcarlton.com/ja/（2024.1.27. アクセス）
スターバックス HP　https://www.starbucks.co.jp/（2024.1.27. アクセス）
雪国観光圏 HP　https://snow-country.jp/（2024.1.27. アクセス）
雪と旅 HP　https://www.scfplus.com/（2024.1.27. アクセス）

（山浦 ひなの）

第9章

地域を軸とした
ホスピタリティ・マーケティング

1 はじめに

観光立国の実現に関する施策の総合的かつ計画的な推進を図るため，2023（令和5）年度からの新たな「観光立国推進基本計画」が閣議決定された。ここでは，訪日外国人旅行消費額5兆円，国内旅行消費額20兆円の早期達成を目指すとともに，2025（令和7）年までに，持続可能な観光地域づくりに取り組む地域数100地域，訪日外国人旅行消費額単価20万円／人，訪日外国人旅行者1人当たり地方部宿泊数2泊などの目標が掲げられている。

わが国では，コロナ禍を経ても，成長戦略の柱，地方創生の鍵，地域活性化の切り札として観光振興に取り組まれている。コロナによる変化やコロナ前からの課題も踏まえ，単なるコロナ前への復旧ではなく，コロナ前とは少し違った，持続可能な形での観光立国の実現を図ることが求められる。

人口が減り，少子高齢化が進む中，交流人口・関係人口の拡大は地域の活力の維持・発展に不可欠である。本章では，地域を軸に，地域社会・経済に好循環を生む仕組みづくり，つまり，各地域における既存の地域住民などとの関係性をどのようにマネジメントしていくことができるかという視点で述べてゆく。

2 地域の抱える課題とその対応策

「地方部」においては，人口減少と高齢化が地域経済を縮小させ，依然として深刻な課題となっており，さらなる人口減少と少子高齢化につながる悪循環を加速させるおそれがある。本節では，その課題とその対応策について整理する。

（1）農山漁村地域，地方部をめぐる情勢

日本の人口は，2009（平成21）年をピークにすでに減少に転じている。高齢化率も引き続き上昇し続ける見込みであり，中山間地域においては，人口減

少・高齢化が都市部に先がけて進行している。特に農村部においては，農業集落の小規模化・高齢化が進んでおり，地域での集落活動の停滞や地域生活環境の悪化を招く恐れがある。

政府としては，「デジタル田園都市国家構想総合戦略」を2022（令和4）年12月にとりまとめ，地域の人口増，関係人口の創出による活性化の方針を打ち出している。人口減少，少子高齢化が深刻化する中で，地方活性化を図るためには，一定程度以上の人口を確保することが重要であり，そのため，地方への移住・定住を推進し，都会から地方への人の流れを生み出すとともに，地方から流出しようとする人を食い止めることが求められている。

（2）地域における人口減少が及ぼす影響

①　住宅需要の減少と空き家の増加

地域で人口が減少すると住宅需要も減少する。そうなると空き家が増えるが，空き家は老朽化が早く多くの問題を生じさせる。また，地域に空き家が増えると治安上の問題も生じ，地域のコミュニティの崩壊にもつながってしまう。

②　公共交通機関の減少と減便・路線の廃止

人口が減ると，交通需要も減少する。交通機関の利用客が減れば採算が悪化するため，供給量も減少せざるをえない。需要が限界を超えて低下すると，地域社会をつなぐバスなどの交通網の維持も難しくなる。不採算路線の廃止などが必要となって，事業主体が撤退してしまうケースもある。

交通網が縮少すると，その地域に住み続けることが困難となり，結果的にその地域を離れて都市部に転出してしまう場合もある。特に高齢者は，公共交通機関を利用できないと，生活が孤立してしまうおそれも生じる。

③　人手不足

若者の都会への流出により，地域産業の継承や新規産業の創出が困難となる。その結果，若者の希望に合致した職場を求めて都市部への転出を希望する人も多くなり，地方部の人口がさらに減少してしまう。

④　コミュニティの希薄化

人口減少により地域での消費が減少すれば，地域で営んでいる商店や飲食店なども経営が維持できなくなり，廃業に追い込まれる可能性が高まる。また，地域に店舗がなくなれば，買い物や飲食の利便性が低下し，住民同士の交流の場や機会も喪失してしまう可能性もある。

(3) 地域の課題解決のために期待される民間事業者の役割

①　バブル経済以前の観光旅行の形態とマーケティング

観光が地域に与える効果は，主に経済的効果と社会的効果の2つが挙げられる。

1950年代からはじまった高度経済成長を背景として観光が大衆化し，1960年代以降，1964（昭和39）年の東京オリンピックや1970（昭和45）年の大阪万国博覧会といった国家イベントが相次いで開催されたことで，一層，観光が国民生活に浸透した。1970（昭和45）年10月には，日本国有鉄道（国鉄）が，個人旅行の需要拡大を目的に「ディスカバージャパン・キャンペーン」を開始している。

この時代の観光旅行の多くは，家族旅行や職場旅行として，温泉地などの有名な観光地へ1泊2日で出かけたり，女性たちが雑誌の『an・an』（平凡社）や『non-no』（集英社）を見て，そうした雑誌で特集された「小京都」と称された金沢，倉敷，高山，萩，津和野などへ旅したり，同質性が高かった。すなわち，社会・経済状況，交通事業者やマスコミによる情報発信が，国民の観光行動のあり方を左右していたといえる。

このような時代に，特に経済的な恩恵を受けたのは，団体旅行の形で多くの宿泊客を受け入れた温泉旅館などの大型宿泊施設や，宿泊拠点となる観光地へ多くの宿泊客を斡旋し，船車券を販売して手数料収入を得た旅行会社であった。例えば，大浴場や売店，ゲームコーナーなどのさまざまな機能を備えた温泉旅館の宿泊客の多くは，チェックインした後は温泉街へ出ることなく，旅館の館内で1晩，楽しく過ごすことができた。当時の旅館経営者は館内の整備に注力すればよく，マーケティングについては，集客を一手に引き受けた旅行会社の「お客様アンケート」の結果にほぼ依存していたといえる。

② 価値観の多様化に伴うマーケティングの変化

1990年代のバブル経済崩壊以降は，景気の後退やインターネット環境の普及などによって，国民の価値観が多様化するとともに観光旅行の形態にも変化がみられた。2000年代には，観光地が主導して「着地型旅行商品」が盛んに開発された。これは，それまで旅行会社任せになっていたマーケティングを，観光地の関係者自身が行うことになったもので，路地裏や地元住民が普段使いする商店など，これまで観光客に知られていなかった地域の魅力が観光資源として商品化された。

また，それまでの1泊程度の短期的かつ享楽的な観光旅行が下火となり，地域に伝わる伝統芸能や現代アートなどの芸術作品の鑑賞を目的とするもの，環境保全について理解を深めるといった教育的効果を期待する旅，そして災害復興や農作業を手伝うボランティアなど，社会的課題を解決する方法の1つとしても，観光の可能性が考えられるようになった。

こうした取り組みは，農業や漁業などを基幹産業とする，これまであまり観光とは関わりのなかった地域や，温泉地といった従来からの観光地など，それぞれの地域特性に応じた形で行われており，観光地内の多様な主体を巻き込むことが重要となる。すなわち，観光地域づくり法人（DMO）が中心となって，宿泊施設や旅行会社といった狭義の観光事業者に限らず，観光業界の商慣習や地域外からの観光客への対応に不慣れな農業やものづくりの従事者等の主体をも巻き込みつつ，各主体が自律して観光地域内で相互にパートナーシップを構築することが重要である。

3 持続可能な観光地域づくり

今後とも人口減少の影響は避けられない中，観光振興によって，地域社会・経済に好循環を生みだす持続可能な観光地域づくりを推進していく必要がある。コロナ禍によって大きな打撃を受けた観光地・観光産業の再生・高付加価値化を図り，地域への経済効果の高い滞在型旅行を推し進め，観光産業の収益力を向上させるような「住んでよし，訪れてよし」の持続可能な観光地域づくりが求められている。

(1) 地域資源の観光資源としての活用とコンテンツ造成

日本ならではの地域の観光資源（自然，文化・歴史，地場産業等）を保全・活用したコンテンツの造成・工夫や，その持続可能性や価値をさらに高めるための受入環境の整備が不可欠である。コンテンツの造成・工夫においては，観光旅行者の知的好奇心を踏まえ，自然・文化・歴史・産業等の本質を味わいながら地域への貢献を実感でき，観光利用と地域資源の保全を両立させる体験等のコンテンツ造成および地域の経済・社会・環境の持続可能性の向上の好循環の仕組みづくりを行っていく必要がある。

(2) 埋もれている地域資源の観光への活用

地域には，文化財，食，生業，伝統産業など，その価値に気づいていない，顕在化していない，潜在的な地域資源や地域文化，いわゆる「埋もれている地域資源」が多数ある。観光等による地域活性化を進めていくためには，この潜在的な地域資源の活用が不可欠である。

さらには，この地域資源を地域固有のものとして活用していくことが求められている。つまり，地域資源がその地域住民が地域の魅力や誇りと思える（＝気づく）ようなブランド化（＝地域ブランド）がなされて発展させていくことや，若者などの地域内外の人々から支持される価値を見出すことによって，交流人口・関係人口が増大していくことが求められると考える。

(3) 地域資源の地域外に対する情報発信・プロモーション

このように，現在はあまり利用（活用）されていない地域で埋もれている文化遺産や伝統芸能などの潜在的な地域資源を活用・公開していくことにより，リピーター顧客を中心に，新たな観光客を受け入れることが可能となる。ひいては，地方部における旅行消費額の拡大にも貢献することになり，加えて，観光地（受入施設）が時間的にも，地理的にも分散化されることにより，観光公害（オーバーツーリズム）の緩和（対策）にも一石を投じることとなる。

「明日の日本を支える観光ビジョン」で明記された，活性化し持続可能な地域づくりをしていくためにも，地域固有の伝統文化である文化財などの潜在的な地域資源を大切に「保存」しながら，観光振興へ「活用」していくことが求められている。しかし，その地域の宝・誇りである地域資源を地域外に向かって，効果的に情報発信・プロモーションしていかなければ，本義的な観光の対象とはならない。

2010（平成22）年には，国内で初めてスマートフォンなどのモバイル端末からのインターネット利用者数がパソコンからの接続者数を超えた。以降，年々その差は拡大傾向にあり，わが国におけるインターネット利用の中心はパソコンからスマートフォンなどのモバイル端末へ移行しているといえる。そうした視点からも，観光客側もFacebookやInstagramなどのSNSによる情報収集に拍車がかかっていくことが推察される。

SNSによる情報発信，とりわけ動画付きの投稿は課題も多々あるものの，閲覧者に驚きの感情を与えやすいため，効果的なプロモーション手法であると思われる。特に，あまり知れ渡っていない文化財などの地域資源を将来の顧客に知ってもらうためには，この視覚に訴える情報発信は，ますます有効な手段になっていくだろう。

（4）関係人口による地域活性化

①　関係人口とは

「ふるさと」への想いを地域づくりに生かす仕組み，地域内外の担い手を広くつなぎとめ，地域資源を活用していくことが重要であるとの議論の中で，地域や地域の人々と多様に関わる者である「関係人口」の重要性が注目されている。

総務省の「これからの移住・交流施策のあり方に関する検討会」（座長：小田切徳美　明治大学農学部教授）によると，「関係人口」とは，移住した「定住人口」でもなく，観光に来た「交流人口」でもない，地域や地域の人々と多様に関わる者と定義している。若者を中心とした「田園回帰」の潮流や都市住民の「ふるさと」との関わりの多様化を踏まえ,「定住人口」でも「交流人口」でもない,地域や地域の人々と多様に関わる「関係人口」に着目した取り組みの重要性が指摘されている。

② 地方部における関係人口の重要性

特に地方部においては,人口減少・高齢化等により,地域づくりの担い手不足という課題に直面している。地域によっては若者を中心に,変化を生み出す人材が地域に入りはじめており,「観光以上移住未満」といわれる「関係人口」と呼ばれる地域外の人材が持続可能な地域づくりの担い手となることが期待されている。

つまり,地域という場所で,既存の地域住民との関係性をどのように構築していくことできるかが,関係人口といわれる人々にとって重要なことになるのである。

③ 関係人口に適した人材

真壁(2012)は,地域にイノベーションをもたらし活性化させることができるのは,『若者・バカ者・よそ者』であると主張している。つまり,過去の成功体験に頼らないで組織を改革し,イノベーションを引き起こすためには,自由な発想や強力なエネルギーをもつ「若者」,客観的な視点で旧来の価値観の枠組みからはみ出た「バカ者」,組織の外にいて従来の仕組みを批判的に見る「よそ者」のような人間が,関係人口に適していると述べている。

コロナ禍により,テレワークや2拠点移住,ワーケーション・ブレジャーといった毎日会社に行かなくても良い在宅型の働き方が認知され,特に若者の間でこのような概念が広まってきている。これにより関係人口のハードルも下がり,地域活性化の可能性も広がってきている。

4 地域を軸とした事例研究

(1) これから期待される「農泊」

① 農泊の出現

「民泊」と似たような言葉で「農泊」という宿泊スタイルも，農山漁村地域を中心に出現してきており，農山漁村地域の所得向上，地方創生を実現するための重要な政策の1つとして「農泊」は位置づけられている。具体的には，インバウンドを含む観光客を農山漁村に呼び込み，旅行消費額の拡大や地域を活性化するための取り組みが進められている。農林水産省（以下，「農水省」という）では，全国で500の「農泊」地域を作ることを草創期の目標に掲げ，2022（令和4）年度末段階で，全国の621地域においてさまざまな農泊地域が生まれている。

② 農泊の定義

「農泊」とは，農水省では「農山漁村地域ならではの伝統的な生活体験と地域の人々との交流を楽しみつつ，農家や古民家等での宿泊によって，旅行者にその土地の魅力を味わってもらう農山漁村滞在型旅行」と定義している。

この定義に基づき，各農山漁村地域ごとに，農家民泊，漁師民泊，改修した古民家泊など地域の特性に応じた実に多様なタイプの「農泊」宿泊施設が存在している。そして，農山漁村ならではの宿泊体験を提供するだけではなく，近隣のレストランや飲食店で地元農家が生産した農産物や地元食材の郷土料理を味わったり，農林水産直売所で買い物，田植えや稲刈り，野菜収穫，牧場での乳しぼり，ジャムづくり，工芸品づくりなど体験メニューに取り組んだりといった幅広い体験をすることが広義の「農泊」であるといえる。

③ 農泊の課題と期待

農泊は，インバウンドを含む観光客を農山漁村にも呼び込み，活性化を図るため，地域一丸となって農山漁村滞在型旅行をビジネスとして持続可能な体制を整備することが急務の課題とされていた。

農山漁村地域の使われていない遊休資産や埋もれている地域資源などを活用し，農山漁村地域に暮らす人々や農家の所得向上で地域が活性化され，地域経済が潤い，新たな雇用が生まれる。これにより，関係人口や移住・定住者が増えるといった好循環がもたらされ，地方創生の切り札としても期待されていた。そんな矢先にコロナ禍に入り，農泊地域でも旅行者が激減し，地域も疲弊してしまった。

④　これからの農泊

地域における労働力不足や農泊人材不足を解消し，持続可能な農泊地域を創出するために，アフターコロナのこれからの農泊の目標として，「年間延べ宿泊者数を令和7年度までに700万人泊」とする目標成果を示す「成長期」へ移行すべく「農泊推進実行計画」が2023（令和5）年より進められている。

地域における労働力不足や農泊人材不足を解消し，その具体策として期待されるのが，「農泊のスマート化」「農泊DX」である。

■農泊DX

スマート化やDXという分野は，一見，農山漁村では無縁であるように思われるが，実は農家の高齢化や農業労働力不足の解消策として，無人運転トラクター，収穫ロボット，センサー温度管理システムなど「スマート農業」の取り組みが進められてきており，農泊においても同様に，情報通信技術やデジタルマーケティングといったDXやICTの技術を駆使した施策が展開されはじめている。

■農泊DXの具体的な取組事例

北海道美瑛町に設立された「びえい農泊DX推進協議会」では，「宿泊・体験メニューの予約システム導入」「スマートロック」「地域情報カレンダー」等農泊に最適な形でICT技術を実装し，農家の担い手不足や農泊人材の育成や教育などデジタル技術の活用に向けた取り組みをスタートさせている。

観光客と生産者，そして料理人などとのコミュニケーションにより相互理解が深まり，SDGsなどさまざまな効果も期待されている。

農山漁村という，都市部の住民からすれば不確実性の高い地域での農泊という体験も，DX等の技術も活用することにより，農泊利用者の満足度がより高まっていくことが期待される。

（2）観光人材の確保・定着・育成に向けた取り組み（群馬県草津町）

①　草津温泉観光協会DMO「人材育成部会」の概要

群馬県草津町は古くから知られる温泉観光地であり，観光が町の基幹産業である。町の観光振興をさらに強力に推進するために，草津温泉観光協会は，マーケティングと新たな観光コンテンツの開発，そして観光業界の人材の確保・定着・育成という3つを目的として，観光地域づくり法人（DMO）を設立し，2016（平成28）年8月に観光庁に登録された。

設立目的のテーマを担当する3つの部会のうち，人材育成部会は，長年の懸案事項であり，特に近年，喫緊の課題となっている人手不足という課題について，「人材の確保・定着・育成」をキーワードとして検討する場である。部会のメンバーは，旅館や商店，飲食店などの若手経営者で構成されている。

人材育成部会の課題認識は，草津温泉の魅力をきちんと伝えるためには，長時間にわたって宿泊客と接する旅館の従業員の力量が非常に重要であるが，特殊な勤務形態や高水準とはいえない待遇等のため，従業員の確保や優秀な人材の定着・育成が容易ではない，というものである。

こうした古くて新しい課題に対して，定期的に部会を開催して議論するとともに，部会が設置された初年（2016年）に，町内の宿泊施設に勤務する従業員を対象にアンケート調査を実施して職場の現状と働く意識等を確認し，その後も商店・飲食店について人材や後継者の確保について調査するなど，議論だけで終わらせず，できることからアクションへとつなげていった。

②　人材育成部会が大切にしていること

観光が基幹産業の草津町では，観光旅行が大衆化する以前から，旅館経営者が町長を務めるなど地域リーダーとなって町の観光産業を牽引してきており，民間事業者の力が大きい地域である。バブル経済崩壊直後の1990年代は一時的に宿泊施設の経営が厳しくなったが，観光協会と旅館組合を中心に民間事業者が取り組んだ「草津温泉ブラッシュアップ計画事業」（1997～99年）を経て，宿泊施設の女将や，婦人会や青年部のメンバーといった女性と若者を巻き込んで町全体で観光まちづくりを進めるという土壌が生まれた。

現在の人材育成部会のメンバーは，旅館や商店等の若手の経営者であり，これまでよりも一層柔軟な発想で，かつアンケート調査の結果などデータに基づいた客観的な議論を行っている。特に，宿泊施設の従業員を，単なる“人手”としてとらえるのではなく，ともに草津町の観光振興を推進する“仲間”として認識し，働くモチベーションをもてる職場とはどのようなものか，“働く場”としてだけではなく“暮らすまち”として，草津町がどんな町であったらいいのか，旅館・商店等の経営者や各業界団体，行政が各々できることは何かについて議論することを重視している。

③　人材育成部会の成果

観光地における人材不足は簡単に解決できる問題ではなく，観光産業のみならず，社会全体の問題となっている。そうした中で，2016（平成28）年から本格的に議論を開始し，2024（令和6）年現在も活動を続ける人材育成部会は，人材の確保・定着・育成に向けてさまざまな事業に取り組んできたが，以下ではその成果の中から主なものを3つ取り上げる。

1つ目は，草津町主催で開催される合同入社式「来草歓迎式」である。一般的に入社式は，所属する企業や団体ごとに開催されるが，この合同入社式は，その年に「草津町内の企業・団体」へ入職する人が一堂に会して，町長をはじめ各業界団体の長や，先輩社員からメッセージを受け取り，ともに草津の観光を盛り上げていこうという気持ちを共有する場である。式典後の交流会で，草津町への「入職同期」と知り合いになって，草津町で働く中で生じる悩みを相談できる仲間を得ることになり，それが草津町の観光産業への人材の定着につながることが期待されている。

草津町の宿泊施設の多くが小規模で従業員の数が少なく，勤務シフトの都合上，従業員がスキルアップするための研修会に参加することは容易ではない。その解決を目指すのが，「草津塾」である。これはDMOが主催して，英会話や草津の観光情報，従業員自身のメイク術など，すぐに業務の役に立つ事柄について学べる短時間の講座を，何回も繰り返して開講する取り組みである。こうした形態で開催することで，従業員は業務の合間を縫って，自分に必要なスキルを身につけることができる。この講座の講師は，町外から招くのではなく，先輩社員や町内の事業者に依頼して務めてもらっており，身近な人から現場で今，求められていることについて学べる機会であり，中小規模の施設に勤める従業員の成長を後押ししている。

３つ目の取り組みは，「あつまらナイト」などの交流会の開催である。年に１回の大BBQ大会の他，日常的に，仕事が終わった後で希望者が三々五々集まる飲み会を行っている。これは，式典や研修会といったフォーマルな場ではなかなか得られない情報の収集や築けないネットワークづくりを促すもので，こうした場で業務に有益な情報を得たり，サークルへ誘われて参加するようになるなど，日頃の悩みを相談したりストレスを発散する場として機能している。

主要参考・引用文献

佐々木茂編著（2016），『地域マーケティングの核心』同友舘.

徳江順一郎編著（2022），『宿泊産業論（改訂版）』創成社.

（公財）日本交通公社（2017），「平成28年度 草津温泉 観光産業人材の確保・定着・育成に関する調査業務報告書」.

真壁昭夫（2012），『若者，バカ者，よそ者』PHP出版.

村山慶輔（2020），『観光再生』プレジデント社.

（木本 和男・岩崎 比奈子）

第10章

ホスピタリティ産業ごとのマーケティング

1 料飲サービス産業

（1）料飲サービス産業の概略

総務省は，飲食サービス業について，主として注文に応じ調理した飲食料品，その他の食料品または飲料をその場所で提供するか，または客の求める場所に届けて飲食させる事業所としている。また，百貨店，遊園地などの一区画を占めて飲食サービス業を営業する独立の事業所も同分類に含まれている。

一般には，「外食産業」と呼ばれることが多いが，この外食産業は1970年代初頭からチェーンレストランが台頭し，多店舗化により急成長を実現している。1970（昭和45）年には大阪万博のパビリオン内に「ロイヤル」「ケンタッキーフライドチキン」が出店し，また同年には国内初のファミリーレストランとなる「すかいらーく」が誕生した。続く翌1971（昭和46）年には「マクドナルド」「ミスタードーナツ」がオープンした。その後，外食産業の市場規模は急速に拡大し，1998（平成10）年には32兆8,918億円と33兆円に手が届くまでに成長した。

しかし，この年をピークに以降は縮小し，若干の増減を繰り返しながら2019（令和元）年には訪日外国人の増加，消費税のアップなどにより，前年より1.1％増の33兆4,901億円となっている（図表10－1）。

さらに，コロナ禍にみまわれた2021（令和3）年には激減し，2023（令和5）年からようやく回復の兆しをみせ，2023（令和5）年12月における首都圏，関西圏，東海圏の外食市場規模は3,624億円（前年同月比＋609億円・東名阪3圏域計）となり，コロナ禍前の2019（令和元）年と比較し89.7％まで回復している（株式会社リクルート『ホットペッパーグルメ外食総研公式サイト』https://www.hotpepper.jp/ggs/）。

（2）料飲サービス産業が対応するニーズや欲求

人間は，食料を摂取し，飲料を飲まなければ生きていくことはできない。そのため，料飲サービス産業は，人が生きていく根幹である生理的ニーズに応え

図表10－1　日本の外食市場規模推計の推移（兆円）

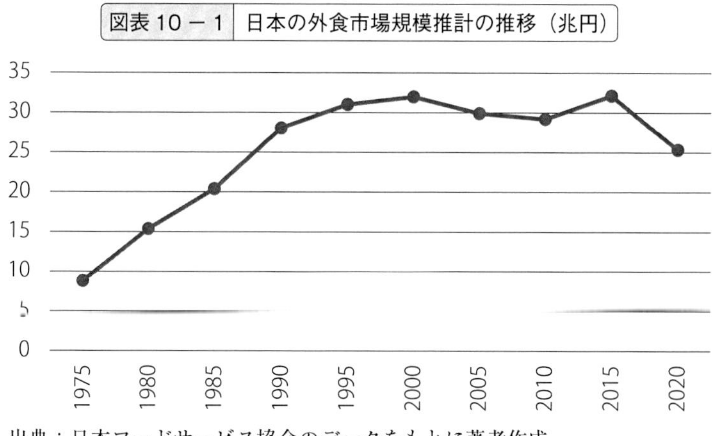

出典：日本フードサービス協会のデータをもとに著者作成。

ている事業ということになる。ただし，単に食べるためだけであれば，自身で料理をすればいいわけで，その点からすれば，後述する内食や中食が競合ということになる。

ではなぜ料飲サービスが利用されるかというと，1つには美味しさということもあるが，もう1点，他の人との関係による社会的ニーズにも対応しているということがポイントとなる。家で，1人で食べていると侘びしさを感じるため，他人もいるお店で，あるいは，カウンターで店の人や他の客との関係を求めて，といった理由での利用が該当する。また，有名店への訪問をSNSなどに投稿したくなるのも，これが理由ということになるだろう。

そんな料飲サービス産業は，料理に人的・物的サービスの両面が加わり成立する。食事においては，価格や味に加えて，量，色彩，提供スピードなどが求められ，またサービスにおいては，雰囲気や接客応対，食器や食空間まで多様な欲求への対応が顧客の評価につながり商品価値が定められる産業である。

（3）料飲サービス産業におけるSTP

複数のニーズにまたがる多様な欲求に応えるべく，料飲サービス産業ではあらゆる変数を活用して，市場を細分化している。

関東と関西で，うどんのつゆが異なることは有名であるが，こうした味覚の違いは地域差が大きい。そのため，地理的変数による細分化は必須である。また，このような地域のみならず，都市中心部では駅からのアクセスが，郊外などそれ以外では，幹線道路からのアクセスや駐車場の有無といった要素がポイントとなる。

子供の入店を制限している店もあるが，あらゆる世代に対応している店もある。男女における嗜好の差も大きく，人口動態的変数も採り入れる必要が生じる。

そして当然，ライフスタイルや価値観によっても好みの店は異なり，リピーター向けにポイントカードや会員制度を活用しているケースもある。サイコグラフィック変数や行動変数も活用しているわけである。

こうしたことから，料飲サービス産業は小規模な個人経営の店も成り立ちやすく，チェーン以外でも事業成立の可能性が生じることになる。他にも，以下のような点を考慮する必要がある。

飲食店に顧客が求める要素は多岐にわたる。それゆえ，どのような顧客欲求を満足させる店にするのか，主たるターゲットを想定し，競合他社の戦略とその計画を分析し，見極め，店舗は個々に方針や個性を打ち出さなくてはならない。知覚されないニーズをもつ顧客も多いことから，その隠れた顧客の要望を掘り起こすことも求められる。

こうした中，美味しい料理を作れば客は満足するだろう，といったかつてのプロダクトアウトの考え方ではなく，顧客に求められていると思われる商品を開発して提供をするマーケットインの考え方が主流となっている。

また，顧客の動機や行動を理解して分析をし，商品を改良しながら成長を志向したマーケティングを行う企業も多い。

(4) 料飲サービス産業におけるマーケティング・ミックス

本産業における製品（Products）に該当するものは，まず物的な要素としては，やはりなにより料理と飲料が挙げられる。和洋中といった各料理ジャンルでの分類以外にも，居酒屋やファミリーレストランのように，複合的な料理を提供するケースも存在するし，ファストフードというカテゴリも存在感が大きい。さらに，和食でも一般的な日本料理以外に，寿司，天麩羅，蕎麦など細分化が可能であり，洋食でもフランス料理，イタリア料理，そして日本で発達した，その名もまさに「洋食」も存在する。加えて，飲料が主体となっているバーやラウンジと呼ばれる業態もある。料理の提供方法もアラカルトとコースに大別できるが，さらに「お任せ」といったスタイルもここに加えられるだろう。

次に，サービスの要素としては，店内の雰囲気や人的対応などが挙げられよう。ここには，BGMも含めることができそうである。

当然ながら，それぞれの業態において，低価格から高価格まで，さまざまな価格帯で店の展開がなされている（Price）。高価格帯の店では，料理のクオリティはもちろんであるが，スタッフも多く配置され，手厚いサービスが提供されることになる。コース料理に関しては，数パターンの価格帯が用意されていることも多い。

Placeに関しては，文字通りの立地に関する要素と，利用権の流通に関する要素，そして，商品としての最終出口となる飲食の提供方法には，飲食店来店の他にデリバリーサービスもある。また店内においての飲食は，自販，セルフ，フルサービス，などの方法がある。

そしてPromotionだが，目的達成のための販売促進として，標的市場のタイプや競合状況を理解した上で，効果的なマーケティングが必要とされる。イベントを通じての顧客体験や，オンラインなどの中から費用対効果を考慮し決定する。媒体を活用した広告展開ではマス媒体の他にインフルエンサーとのコラボレーションによるマーケティングなど，また店内のPOP販促が効果的な場合もあるだろう。いずれも事前のテストとコントロール，評価を必要とする。

（5）料飲サービス産業における競争環境と企業戦略

最近は，各種メディアやSNSなどから情報を得て顧客が店舗を選定してから飲食店に出向くことが多いうえ，会合などの場合でも，2次会や3次会にまで流れることも減少しており，競争環境が厳しくなっているといえるだろう。また，前項で述べたように，小規模店が乱立しやすい環境にもある。こうしたこともあり，店舗に顧客が来店するまで，すなわち，選んでもらうための情報伝達が重要となる。

また，同業者間の競争のみならず，代替的存在に対しても考慮する必要がある。現代は，内食，中食，外食がボーダーレス化しつつありすべての形態が競合となり得る。さらに，国内外の関係性も含め競合環境は築かれており，海外展開を想定して国内出店をする企業もある。経済動向，宗教，環境課題など国内外のさまざまな要素を踏まえてあらゆる食事の場面や顧客の欲求を想定した店づくりや戦略を練ることが求められる。

加えて，リアルなクチコミ，SNS，動画配信，テレビCMや雑誌広告といった販売戦略やPR活動の媒体も選択肢が多いため，企業は店舗や料理の個性や予算，主たる客層などの要因を踏まえてどの媒体を用いるのかを決定していく。DMやチラシや顧客の生の声を参考とし成功した事例もある。必ずしも最新技術を用いた手法が売上に貢献するとも限らない。店舗の特徴や目標を見極めて販売戦略を練ることが肝要とされる。

（6）料飲サービス産業におけるその他の特徴

食事という商品は，1日に購買する回数や機会が限定される。すべてが同じ内容，量ではなく，他の日に振替が不可能な商品でもあるため，それぞれの特徴をもちマーケティングをしていく必要がある。

また，物販とは異なり，料飲サービス業は，料理という枠に留まらない統合的なマーケティングが必要となる。料理は食べたら可視化できないため，再購買のための顧客への心理的なアプローチも不可欠となる。

このように統合的なマーケティングが求められる料飲サービス産業においては，飲食店が開店するまでの代表的なマーケティング機能の要素（図表10－2）においてもそれぞれの手法を考えることが求められ，常に修正，更新をすることが売上につながる。

図表10－2　飲食店が開店するまでのマーケティング機能の基本的な要素

マーケティング要素	概　要
立地選定	主たる客層，客の来店動機ほか環境要因に基づき選定，競合調査，市場調査など
コンセプト計画	コンセプトに基づき物的サービス，人的サービスの検討
メニュー開発	コンセプトに基づく売れるメニュー開発
販売方法の設定	イートイン，テイクアウト，デリバリー，通販など
厨房構築	設計から施工にいたる，顧客との接点の設定
食空間構築	デザイン，光，衛生管理，フロア内のトータル構築
セールス要素の選定	食器選定，キャッチコピー作成，メニューブック作成ほか物的サービスと人的サービスの接点のセールス要素を構築
価格設定	利益が上がる，顧客満足につながる，時世に合う価格を想定
人員確保，人員教育	顧客満足を目指した人員教育
販売戦略策定	PR戦略，広報活動
営業活動	新規客の開拓，店の個性に見合う営業など

出典：著者作成。

（徳江 順一郎・小倉 朋子・青山 容子）

2 セレモニー産業

（1）セレモニー産業を考えるにあたって

「セレモニー」とは，儀礼・式典とされ，主にブライダル産業とフューネラル産業，そしてメモリアル産業などがセレモニー産業の代表として挙げられることが多い。意外かもしれないが，これらには，さまざまな共通項が見受けられる。例えば，直接の顧客のさらに招待客がいることや，司式・司会の存在，装花の重要性，料飲サービスの提供がなされること，さまざまな紙媒体の使用，贈答品の存在などが挙げられよう。

そこで，その中でも特に本節では「ブライダル産業」について述べることとする。

(2) ブライダル産業におけるニーズや欲求への対応

① ブライダル産業の現状

リクルートブライダル総研の「結婚市場の経済波及効果推計2021」では，全国の結婚イベント関連事業における直接効果は2兆1,153億円であった。この調査における結婚イベント関連産業とは，一組の婚姻カップルが主に結婚を機に実施するイベントを対象にした産業と定義されており，挙式・披露宴・ウェディングパーティーなどのイベント関連費用のほか，結婚前イベント（結納・両家顔合わせなど），婚約記念品や指輪，写真関連（ウェディングフォトや別撮りなど）も含まれたものとなっている。結婚イベント関連産業は2兆円以上の大きな産業であるが，市場が縮小しているのが現状である。縮小している主な原因としては以下の理由が挙げられている。

・婚姻届出組数の減少

婚姻届出組数が最も多かったのは1970年代前半で，いわゆる団塊の世代が婚礼適齢期を迎えた時期である。この時代には年間100万組以上の婚姻があったが，1970年代後半から徐々に減少していった。1980年代以降は70万組台を推移していたが，2010年以降は70万組を下回るようになり，2020年代は50万組台で推移している状況である。

婚姻届出組数の減少の主な要因としては，婚礼適齢期人口の減少，結婚をしない人の増加（生涯未婚率の増加），法律結婚以外の選択肢の広がり（事実婚など）などが挙げられている。

・「ナシ婚」層の増加

これは，結婚式や披露宴を行わず婚姻届けを提出するのみで済ませてしまうカップルを指す。マイナビウエディングによると挙式・披露宴・披露パーティーをしなかった，またはする予定がないと回答したカップルは2022年の調査で35.7％存在し，前年より上昇したという。また，コロナ禍の前である2017年の「ナシ婚」の三大理由は「経済的事情」，「セレモニー的行為が嫌」，「結婚式以外のことにお金を使いたい」であった。かつては「おめでた婚のため」

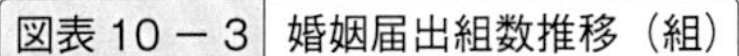
図表10－3　婚姻届出組数推移（組）

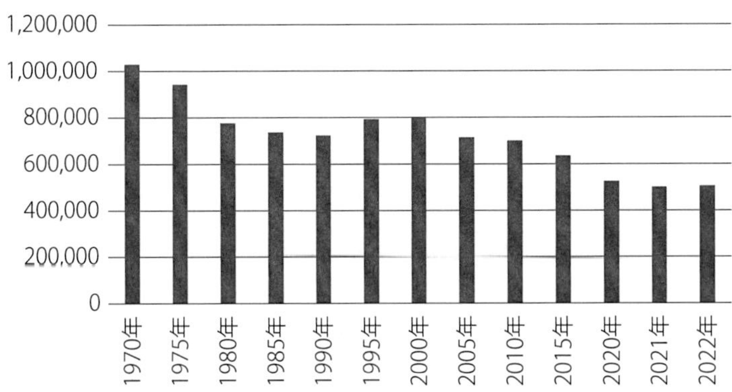

出典：厚生労働省人口動態調査より著者作成。

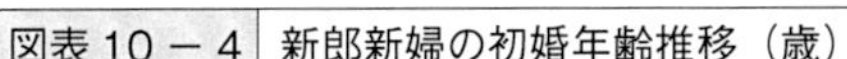
図表10－4　新郎新婦の初婚年齢推移（歳）

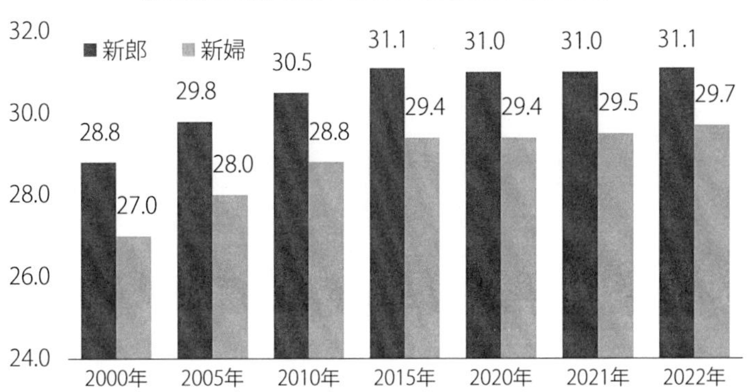

出典：厚生労働省人口動態調査より著者作成。

や「再婚のため」という理由が上位に入っていたこともあった。妊娠層・再婚層のカップルはともに挙式・披露宴・披露パーティーの実施率がおよそ40～50％程度となっており，妊娠していない層や初婚層に比べると実施率が低い。

「ナシ婚」層の増加には結婚年齢の上昇も原因として挙げられている。2022年の統計では初婚の夫の年齢が31.1歳，初婚の妻の年齢が29.7歳となっている。この数値は2015年以降，どちらも変動がないもののおよそ10年前と比較するとそれぞれ約1歳程度，20年前と比較するとそれぞれ約2歳以上上昇している。

② ブライダルにおけるニーズや欲求

そもそも，なぜ人は挙式，披露宴といったブライダル産業が提供するサービスを利用するのであろうか。徳江（2019）によれば，成長過程における物理的（肉体的）・社会的（周囲との関係など）変化を受け入れるために，人はセレモニーを挙行するという。そのようなニーズに応えるように，結婚に際してのイベントは，挙式，披露宴，披露宴よりもカジュアルな披露パーティー，親族のみの会食会，フォトウェディングなど多岐にわたっている。新郎新婦は，本人たちの希望や親族をはじめとした周囲の希望・状況，予算などの兼ね合いで，どのようなイベントを行うのかをまずは検討する必要がある。そのため，ウェディングプランナーやプロデュース会社などのスタッフは新郎新婦の想いを汲み取り，提案することが重要なポイントとなってくる。

その中でも利用するケースが最も多いとされる，「挙式＋披露宴」の商品特性を以下に記した（図表10－5）。ここに挙げたような特性を考えると新郎新婦にとってはハードルが高い商品であり，新郎新婦のニーズ・欲求にいかに応えることができるかということが重要である。

図表10－5 婚礼商品の特性

高額商品	全国平均で300万円を超える高額商品である。一般に，高額商品の購入を考える人は慎重になり，他の商品と比較してじっくり検討する，検討期間が長いという傾向がある
未体験商品	初婚のカップルにとっては，結婚式・披露宴とも初めて体験する商品である。また，まったく同じ状況は当日まで実際には体験できないという特徴をもつ
消滅商品	婚礼の準備期間は長いが，実際の結婚式・披露宴は1回きりで消滅してしまうということである。写真や映像で残すことは可能であるものの，それ以外には後に残らずに消えてしまう
皆異商品	招待客はもちろん，会場のコーディネートや演出，進行などもカップルごとに一組一組違っており，同じ婚礼は二度とない。すべての婚礼においてカップルの希望や理想に近い婚礼を行うことが重要

出典：『ブライダルコーディネーターテキストスタンダード』より著者作成。

（3）ブライダルにおけるSTP

ブライダル市場を細分化するうえで重要なのは，年齢や，それにともなって変化する所得階層といった細分化変数のみならず，最近では本人たちのライフスタイルや趣味嗜好といった変数も考慮に入れる必要が生じてきていることである。特に，挙式では宗教が関係するケースもあるため，その点からも細分化が可能である。さらに，こうしたセレモニーは地域によっても大きく異なることがあるため，複数地域に複数施設を展開している場合には，当然ながら地理的変数も採用しなければならない。

かつては，互助会系を含む専門式場が幅広く対応していたが，その時代は，第1次ベビーブームで生まれた人たちが結婚適齢期を迎える時期であり，増加する需要に応えることに注力する必要性が高かった。結果的に，画一的な挙式，披露宴が主軸となっていたが，市場側もそれほどの多様性はなかった時代でもある。

しかし，その後の需要の落ち込みに対応すべく，また，芸能人などによるキリスト教式の挙式が増えたりした結果，多様なスタイルが提案されるようになっていった。同時期には，結婚の前提が，それまでの「家と家」から「個人と個人」（あくまで自分たちのための結婚）という変化もあり，それに応えるように結婚情報誌も創刊され，一気に多様化が進んでいくようになる。それに拍車をかけたのが，1990年代の景気低迷と，やはり芸能人などによる「ジミ婚」の浸透である。レストランで，ごく少数の招待客で，人前式による簡単な挙式からそのまま披露宴というより食事会のような形で開催されたりもした。ここに，フリーのプランナーやプロデュース会社が介在することにより，ノウハウのないレストランでの開催が可能となったうえ，プランナーやプロデュース会社がやがて自社施設を開設し，ゲストハウスにおけるハウスウェディングの隆盛へとつながっていく。

また，1990年前後からは，ホテルの宴会部門における標的市場も，従前の法人需要から個人需要のさらなる開拓へと舵を切り，特に高価格帯のブライダル市場を中心として拡大していくことになる。

そのうえで，特定用途のために土地・建物を用意する必要性があることから，近隣に競合企業が出現した際などには，大きな影響が生じることになる。その場合には，例えばSDGsを意識した競争軸を導入するなどして，ポジショニングを転換することも重要な戦略オプションとなる（第12章を参照されたい）。

なお，直接の顧客である新郎新婦以外に，招待客がいることも競争環境には影響を及ぼすことを忘れてはいけない。特に，交通アクセスの良さは遠方からの招待客が多い場合には有効である。

いずれにせよ，昨今のブライダル市場は，地域差や年齢・所得による相違，芸能人などの有名人が採用したスタイルの影響などによって，多様な市場セグメントによって構成され，長期的には縮小傾向にある中で，熾烈な競争が展開されているということになる。

（4）ブライダルにおけるマーケティング・ミックス

結婚を決めた新郎新婦はさまざまな広告媒体から情報を入手し，3会場程度に絞ったうえでブライダルフェアなどに実際に足を運び，その中から会場を決定するのが一般的である。こうしたことから，新郎新婦が情報を得る窓口となる媒体はかなり重要であると考えられる。他の商品購買やサービス選択においてはインターネットが存在感を増してきているが，2020年代でもなお，紙媒体が主軸となっていることが，ブライダル市場のPromotionにおける大きな特徴である。

リクルート社発行の『ゼクシィ』は1993年に創刊された結婚情報誌である。『ゼクシィ』が発刊される以前は新郎新婦が結婚式場などの情報を得ようとした場合，百貨店などにあった「結婚式場紹介所（ブライダルエージェント）」のカウンターなどに相談するしか方法がなく，新郎新婦の選択肢を広げるために『ゼクシィ』と同時期にいくつかの結婚情報誌が発刊された。現在まで月刊誌として発刊され続けているのは『ゼクシィ』のみである。同誌が支持されている理由の1つとして，新郎新婦が安価で購入できるという点がある。付録付きで300円で購入でき，披露宴会場の情報のみならず，結婚式の段取りや指輪・引出物などのアイテムなど，情報が多岐にわたっているというのが『ゼクシィ』の魅力である。ちなみに，結婚を決めた新郎新婦は平均で2～3冊の『ゼクシィ』を購入するというデータが出ている。なお，『ゼクシィ』が安価で販売できるのは，掲載企業各社からの出稿料で収入を得ているからである。

また，1998年に開始した『ゼクシィ net』の影響も大いにあるであろう。IT化が進んでいる現代においてはネットでの情報収集は重要である。ネット上での結婚情報サイトでは『ゼクシィ net』のほかに『マイナビウエディング』，『ハナユメ』などの結婚情報サイトや，『みんなのウエディング』，『Wedding Park』などの口コミサイトなどが展開されている。

結婚情報誌，結婚情報サイトにどれだけ多くの情報を新郎新婦にわかりやすく掲載するかということはブライダルにおけるマーケティング戦略において重要なことである。いかに多く新郎新婦の目に触れるかということを検討しながらブライダル企業各社は戦略を練っているのである。1990年代に多数オープンした「ゲストハウス」には「アートグレイス」や「アルカンシェル」など「ア」から始まる名称の施設が多い。これは当時の『ゼクシィ』が施設名のあいうえお順で誌面に掲載していたからであり，雑誌内で少しでも前に掲載したいという施設のプロモーション戦略の名残であるといえる。

Place（プレイス）は販売経路ということになる。基本は会場でのウェディングプランナーによる接客ということになるが，『ゼクシィ』の発刊以前については前述した「結婚式場相談所（ブライダルエージェント）」の役割も重要であった。新郎新婦が結婚を決めた後にどこでどのような結婚式をしたいか悩んでしまったときに相談できるのが，この「結婚式場相談所（ブライダルエージェント）」の役割であった。新郎新婦の希望に耳を傾け，新郎新婦のニーズに合った会場を紹介し，さまざまな会場に送客するというのが主な業務である。この「結婚式場紹介所（ブライダルエージェント）」の接客も重要な販売経路となり，以前はかなり多くあった。現在ではこの「結婚式場紹介所（ブライダルエージェント）」は減少してきているものの，「ゼクシィカウンター」や「ハナユメ」など広告媒体と連動した紹介カウンターが存在し，そこからの送客を得るために婚礼会場のスタッフは営業活動をしている。

このような紹介制度はジュエリーショップなどでもあり，婚約指輪や結婚指輪を購入したカップルに結婚式場を斡旋している。

Products（製品）を構成する挙式と披露宴についても簡単に触れておきたい。

挙式は大別すると，キリスト教式（教会式・チャペル式），神前式，仏前式，人前式の4つの種類があり，それぞれ衣裳や演出などにも影響することになる。披露宴の場所も大別すると，ホテル，結婚式場（専門式場），ゲストハウス（ハウスウェディング），レストランなどの種類がある。詳細は，徳江（2014, 2019）を参照して欲しい。

Price（価格）については，一時は不透明さを指摘されたこともあったが，現在は低価格の挙式・披露宴を専門に提供する企業も出現するなど，多様化が進んでいる。ただし，ほとんどが一生に一度の買い物であり，後に残らないながらきわめて高価格での購買行動となるため，認知的不協和が生じやすい状況にあり，注意が必要である。

（5）ブライダル産業における競争環境と企業戦略

4Pの中でもPrice（価格），Product（製品）に関しては企業の競争と戦略が色濃く反映される。同エリアの同じような施設の場合，どのような金額設定でどのような商品を提供するかということが，ターゲティング，ポジショニングを検討するうえで最も重要になるといえる。料金については高価格帯を狙うのか低価格帯を狙うのか，また，規模としても大人数の婚礼を狙うのか，少人数の婚礼を狙うのかによって企業戦略が変わってくる。そして商品構成に関しても何を会場のセールスポイントにするのかは大きなポイントである。

「式場」「披露宴会場」「料理」「装花」「衣装」などさまざまな商品の中で，どれをセールスポイントにするかはマーケティング戦略の大きな点であるといえる。ただし，披露宴会場は装置産業である。式場や披露宴会場は広さやテイストなども会場がオープンした段階で固定化される。もちろん途中で改装をするということもあるかもしれないが，初期段階でのマーケティング・リサーチが重要であることは明白である。

（杉浦 康広）

3 宿泊産業

（1）宿泊産業を考えるにあたって

宿泊産業とはいっても，単に宿泊だけを提供しているとは限らず，多くはここまで述べてきた料飲サービスやセレモニーなどにも対応している。その理由については次項で説明するが，一方で，最近ではサービス提供を宿泊機能のみ，あるいは宿泊機能のウェイトを高めた「宿泊主体型」や「宿泊特化型」と呼ばれる施設も増えている。こうしたことが生じるのは，まさに市場が変化している（Market＋ing）からである。この100年間程度でみても，人々の移動は大きく増えており，その経験を蓄積している人も多くいる。そのため，宿泊に対する需要もかなり増えたということになる。

わが国では，1960年代半ば以降，1990年代頃までは安定的に宿泊市場が成長していた。しかし，その後は大きく変化しており，それに対してどのように対応したかによって命運が分かれていることは念頭に置いておきたい。

（2）宿泊産業におけるニーズと欲求

人間にとって，睡眠は欠かすことができない。そのため，人が自宅から遠方の非日常圏を訪れた際，自宅に帰ることが難しい場合に利用されるのが宿泊施設である。基本的には，睡眠というニーズに応えるためのビジネスであるといえる。

こうした特性から，派生的需要に応えるのが基本であるととらえられることも多いが，一部のリゾートホテルや旅館などのように，そこで滞在すること，そこで過ごすことそのものが目的となるケースもある。この場合には本源的需要に応えるということになる。

本源的需要に応える場合には，立地やサービス提供に，他にはない魅力が必要とされる。特に旅館では，温泉の存在が大きな武器になっているようである。かつては出張族のために，都市部にも旅館が多かったが，このうちのかなりの割合が閉業の憂き目に遭い，その分を比較的低価格のホテルが対応している状況である。

宿泊産業では，他のサービスとは異なり相対的に長時間の利用ということになるため，単に睡眠の場所を提供するのみならず，人の生活に付随して生じる食事や入浴なども提供されることもある。これが，ホテルであればレストランやバー，ラウンジ，そして宴会場が併設される理由であり，温泉好きの日本人にとって，旅館にある温泉の大浴場が重要な存在である理由にもなっている。短くても１泊，長ければ数日から数週間にわたって滞在する以上，そこには家と同じような機能である料飲サービス提供機能が求められ，さらには非日常性が付帯する場でもあることから，宴会サービス提供機能も付帯するようになっていった。

しかし，このように異なる機能を１つの施設に包含するということは，それだけマネジメントが複雑になるということでもある。そのため，前述したように昨今では宿泊機能にフォーカスした施設も増えてきているのである。

（3）宿泊産業におけるSTP

宿泊産業においては伝統的に，お客様が支払える価格帯を基本として市場が分けられてきた。そして，その分割も，特にわが国では２段階の分類が基本であったといえよう。事実，日本のホテル市場では，都市部の場合，各市場セグメントに対して，高価格帯の施設を「シティホテル」，低価格帯の施設を「ビジネスホテル」と称し，企業側も２種類のブランドで展開していたケースが多かったことから明らかであろう。

事業者側の具体例でいえば，東急ホテルと東急イン，第一ホテルと第一イン，帝国ホテルとクレストホテルなど，枚挙にいとまがない。海外でも，かつてはインターコンチネンタルホテルがセカンド・ブランドとしてフォーラム・ホテルを展開していた。

しかし，1990年代頃からはホテル企業の合従連衡が進み，巨大チェーンが出現するとともに，顧客側の利用経験も蓄積されたことで，市場セグメントをさらに細分化する動きが生じてくるようになった。その結果，世界的には５段階分類，すなわち高価格帯からラグジュアリー，アップスケール，ミッドプラ

図表10－6　マリオットが展開するブランド

MARRIOTT BONVOY

ラグジュアリー　EDITION　THE RITZ-CARLTON　THE LUXURY COLLECTION　ST REGIS　W HOTELS　JW MARRIOTT

プレミアム　MARRIOTT　SHERATON　THE MARRIOTT VACATION CLUBS　DELTA HOTELS　WESTIN　LE MERIDIEN　RENAISSANCE HOTELS　AUTOGRAPH COLLECTION HOTELS　TRIBUTE PORTFOLIO　DESIGN HOTELS　GAYLORD HOTELS　MGM COLLECTION

セレクト　COURTYARD　FOUR POINTS　SPRINGHILL SUITES　Fairfield　AC HOTELS　aloft HOTELS　moxy HOTELS　PROTEA HOTELS　CITY EXPRESS　FOUR POINTS express BY SHERATON

長期滞在　Residence INN　TOWNEPLACE SUITES　element　HOMES & VILLAS　APARTMENTS　Marriott

出典：同社HP（https://www.marriott.com/ja/default.mi）より（2024年2月19日アクセス）。

イス，エコノミー，バジェットと分けられることが一般的になっていった。事実，東急系のホテルでもエクセルホテル東急やビズフォートといった新しいブランドが開発されたし，単一ブランドで展開されていたプリンスホテルも，プリンスギャラリー，ザ・プリンス，グランドプリンスホテルなどに細分化された。

海外のメガ・チェーンは，既存チェーンを買収・合併して成立してきたという背景もあり，非常に多くのブランドを傘下に抱えている。一例としてマリオットのブランド一覧（2024年2月現在）を図表10－6に掲げたが，34ものブランドを展開している。

こうなると，それぞれの違いを認識することはなかなか難しいが，それに対しては企業側でも対策を打っている。実際，かつては一般的な「高級ホテル」という印象であったウェスティンは，最近ではウェルネスのイメージを前面に出すようになってきているし，もともとは貴族の邸宅や城を改装したホテルであったラグジュアリー・コレクションも，今ではいわゆるコレクション・ブランド，すなわち，やや独立性のある施設に変化している。

さらに，心理変数におけるライフスタイルや価値観などの採用により，特定のテーマ性をもった施設をWやモクシーで展開し，オートグラフ・コレクションでコレクション・ブランドにも対応している。いずれも，従前の高級ホテルのカテゴライズとは一線を画しているのが興味深い。

加えて，行動変数を採用して，会員ステータスを段階で分けることにより，顧客の囲い込みまで図っている。エアラインでもステータス維持のために「修行」と呼ばれる，単に飛行機に乗るためだけに乗る人がいるが，ホテルでも同様である。

宿泊施設は，多くの場所に展開することにより顧客との接点が生じる可能性が非常に高くなり，規模の経済が大きく働くことになる。メガ・チェーンの誕生は，1990 年代以降の IT 革命による会員組織の充実と表裏の関係にあり，現地企業にホテルを用意させ，ブランドの付与や運営責任者を派遣する運営受委託（マネジメント・コントラクト：MC）と呼ばれる経営手法とともに，大きく成長を遂げるに至っている。

(4) 宿泊産業におけるマーケティング・ミックス

Products に該当するものは，料飲サービス産業と同様，物的な要素とサービス要素に大別して検討することができる。ここでは物的な要素を中心に検討する。

最低限の設備としては，客室内にベッドなどの寝具が用意されているという状況になる。この場合，風呂やトイレは共同ということになる。最近ではこうしたケースは少なくなり，多くの場合，客室内にバスルームが用意され，そこにトイレも設置されている。高価格帯の施設を中心に，バスとトイレが分かれているケースや，バスタブとは別にシャワーブースが用意されることもある。

かつてはシャンプーやボディソープ，歯ブラシなどのアメニティが重要だったこともあった。最近では SDGs の流れもあり，ポンプ式への移行が進み，この点では特徴があまり見られなくなりつつある。

サービス的な要素としては，そこで過ごす時間そのものに関わるあらゆることが該当することになる。最近では，かなりの高価格帯施設を中心に，香りにこだわった施設も多くなってきた。また，人的サービス面としては，フロントなどでのやり取り，客室へのご案内といったことが該当する。

また，食事の付帯有無も重要な選択オプションとなる。昨今は泊食分離が話題だったこともあったが，山奥の一軒家の旅館などでは現実的ではない。かつての高価格帯ホテルでは，和洋中の各レストランを取り揃え，複数のバーやラ

写真10－1　アルモニーアンブラッセ大阪のアメニティ

出典：写真10－2も含め著者撮影。

ウンジを擁していたが，最近では特徴ある料飲施設に絞り込んでいるケースも多い。

宴会場も同様で，かつては大規模な数千人規模の宴会場から小規模なものまで多数揃えているケースが多かった。しかし，最近の，特にラグジュアリー層の施設では少数，またはアマン東京のようにもたないケースもある。

前述したように，価格帯はホテルの場合，5段階程度に分類するのが世界的な潮流となっている。実際，わが国では実施されていないが，諸外国の政府や公的機関，その他の主体による認証も，5段階のものが多い。旅館においては二極化が進みつつあり，1泊2食で数千円の宿と，4～5万円以上の宿が増加傾向にある。前者は主として再生案件が軸の旅館である。その間を埋めているのは，共立メンテナンスやホテル三日月など，比較的大規模な施設になりつつある。

宿泊施設の利用権は，直接的に顧客との間で交わされる他に，旅行業を通じても流通する。近年はOTAが発達し，こちらからの予約も存在感が大きい。もちろん直接予約は手数料などが取られないため利益も大きく，その方が望ましいことは間違いないが，メガ・チェーンなどでなければ広範な集客が図りに

写真10－2　日光きぬ川ホテル三日月

くいのが現状である。

また，立地は，やはり本源的需要地との距離に影響される。事実，東京ディズニーリゾート近隣のホテルは多くが比較的高単価を維持しているし，都心部のホテル集積も，古くは赤坂や新宿，最近では大手町周辺などであるのも同様の理由である。

流通とも関連するが，プロモーションの面では旅行業やOTAなどの存在感も大きい。一方で，今でも雑誌媒体やパンフレットも一定の存在感がある。ここ数年は需要に応じて価格を上下させるレベニュー・マネジメントが定着し，高需要が予測される日はかなり高くなることもあるが，逆に非常にお得な価格が提示されることもある。この辺りは，在庫が不可能なサービス財の特徴にうまく応えているといえるだろう。

（5）宿泊産業におけるマーケティング上の特徴

前述したように，宿泊産業においては多くの地域にチェーン展開することで，顧客の訪問機会をまんべんなく拾うことができるため，世界的には今でも急速なチェーン展開と会員組織による顧客の囲い込みがなされている。一方で，超高価格帯といえるアマンリゾーツやペニンシュラなどは，そこまで大規模なチェーン展開を図っているわけでもなく，会員組織があるわけでもない。この相違は非常に興味深いものがあるが，当該市場における集中型マーケティングの採用による競争優位を実現していることが推測される。

宿泊施設のハード面は，比較的簡単に他社から模倣されやすいが，ソフト面での差別化と，そうした努力の積み重ねによるブランドのもつ力は，非常に強いものがあるといえるだろう。米国では，航空会社の再編において，以下に示すように被買収企業の名称が消えてしまうことが多かった。

・ユナイテッド＋コンチネンタル → ユナイテッド

・デルタ＋ノースウエスト → デルタ

しかし，前述したマリオットのみならず，ヒルトンやインターコンチネンタル，ハイアットなども，被買収企業のブランドは残している。加えて，ウェスティンの例で示したように，ポジショニングの変更には慎重にかつ長い時間をかけて対応している。これは，やはり比較的長時間のサービス接点があるということと，多様な機能を提供しているということから生じていると考えられよう。その点からも，宿泊施設においてはブランドがいかに重要か，改めて感じられるだろう。

また，宿泊部門の利益率は非常に高いが，料飲（サービス）部門と宴会部門の利益率は相対的に低いことも，マーケティング上では重要なポイントである。

（徳江 順一郎）

4 テーマパーク＆レジャーランド産業

（1）テーマパーク＆レジャーランド産業の概略

①　テーマパーク・レジャーランド産業とは

余暇時間において日常生活から離れ，複合的な娯楽サービスを提供する産業としてテーマパーク＆レジャーランド産業が挙げられる。

テーマパークの定義については学術的にはさまざまな議論があるが，主にテーマ性を有するアクセスが制御された閉じた空間で，さまざまな消費体験を提供する施設として説明されており（Liang & Li（2023）より），乗り物，パレード，食事，グッズ販売など複数のサービスを組み合わせ，来場者に提供できるようデザインされた管理可能な集客施設ということができる（直井・河田（2021）より）。これに対して，レジャーランドについては，その定義を巡る検討はなされておらず，前述のテーマパークの構成要素のうちテーマ性を含まない遊園地等の娯楽施設を一般に指すと考えられる。なお，総務省の標準産業分類においてテーマパークは「文化，歴史，科学などに関する特定のテーマに基づき施設全体の環境づくりを行い，各種遊戯施設により娯楽を提供する事業所」，遊園地は「各種遊戯施設により娯楽を提供する事業所」と定義されており，テーマ性の有無のみをその違いとしている（総務省（2023）より）。こうしたことから，以下ではテーマパークとレジャーランド（主に遊園地）について厳密に区別することなくテーマパークとしてまとめて論じていく。

② 世界の主要テーマパーク

TEA/AECOM が毎年発行している世界のテーマパークに関するレポート「Global Attractions Attendance Report 2022」（TEA/AECOM（2023））から 2019 年における来場者数の上位の施設をみると，1 位のマジックキングダム・パークをはじめとしたウォルトディズニーワールドの 4 つのディズニーテーマパークと，世界で初めて開業したディズニーテーマパークであるカリフォルニアのディズニーランド，東京ディズニーリゾートの 2 つのパーク（東京ディズニーランド・東京ディズニーシー），2016 年に開業した上海ディズニーランドと合計で 8 つのディズニーテーマパークがランクインしている。その他にはユニバーサル・スタジオのテーマパークとして，ユニバーサル・スタジオ・ジャパンとユニバーサル・オーランド・リゾート内の 2 つのパークがランクインしており，世界のテーマパークにおいてディズニーとユニバーサル・スタジオのテーマパークの存在感は非常に大きい。

（2）テーマパーク産業における競争環境と企業戦略

① テーマパーク産業の競争環境

テーマパークは施設のテーマ性やコンセプトに基づき多額の投資を行って施設を開発し，来場者を集客することで投資を回収するビジネスモデルである。こうした特性から，テーマパーク産業への新規参入は多額の資金と事業を展開できる広大な土地，テーマパーク開発・運営の有形・無形のノウハウなどが必

図表10－7　世界のテーマパーク・アミューズメントパーク来場者数（2019年）

順位	施設名	所在地	来場者数（万人）
1	マジックキングダム・パーク（ウォルトディズニーワールド）	アメリカ・フロリダ	2,096
2	ディズニーランド（ディズニーランドリゾート）	アメリカ・カリフォルニア	1,867
3	東京ディズニーランド（東京ディズニーリゾート）	日本・千葉	1,791
4	東京ディズニーシー（東京ディズニーリゾート）	日本・千葉	1,465
5	ユニバーサル・スタジオ・ジャパン	日本・大阪	1,450
6	ディズニー・アニマルキングダム（ウォルトディズニーワールド）	アメリカ・フロリダ	1,389
7	エプコット（ウォルトディズニーワールド）	アメリカ・フロリダ	1,244
8	チムロンオーシャンキングダム	中国・珠海	1,174
9	ディズニー・ハリウッド・スタジオ（ウォルトディズニーワールド）	アメリカ・フロリダ	1,148
10	上海ディズニーランド（上海ディズニーリゾート）	中国・上海	1,121
11	ユニバーサル・スタジオ・フロリダ（ユニバーサル・オーランド・リゾート）	アメリカ・フロリダ	1,092
12	アイランズ・オブ・アドベンチャー（ユニバーサル・オーランド・リゾート）	アメリカ・フロリダ	1,036

出典：TEA/AECOM（2023）をもとに著者作成。

要となるため新規参入のハードルは高い。わが国ではテーマパークへの参入は1980年代から90年代初めにかけてのバブル期には各地でみられたものの，それ以降は2001年のユニバーサル・スタジオ・ジャパン，東京ディズニーシー，2018年のレゴランド等を除き，多くない状況であった。そのため，わが国の遊園地・テーマパーク市場は，2000年代から2019年に至るまで東京ディズニーリゾートの2つのパークとユニバーサル・スタジオ・ジャパンの3施設で市場全体の売上高の50～60%を占める状況が続いていた（綜合ユニコム（2023），p.12）。

一方で，2020年代に入り，西武園ゆうえんちの大規模リニューアル（2021

年)，としまえん跡地でのワーナー ブラザース スタジオツアー東京の開業(2023年)，沖縄北部のジャングリア（2025年開業予定)，横浜のKAMISEYA PARK（2031年開業予定）など既存の施設のリニューアルや新規テーマパークの建設の動きが活発化している。

② テーマパーク産業の企業戦略

こうした競争環境において，各テーマパークの運営企業は，自社の施設について他施設との製品差別化によって集客する戦略を採用している。第1の方法はブランディングであり，複合的なサービスやコンテンツからなるテーマパークにおいては，個々の構成要素について顧客へ情報を伝達することを目指すのでなく，包括的にその価値をイメージ付けする方策をとっている。例えば東京ディズニーリゾートでは，「ファミリーエンターテイメント，ディズニーの世界，非日常」といったディズニーテーマパークに共通するブランドイメージを「ディズニーテーマパーク共通価値」としてブランディングし，同時に東京ディズニーランドに対しては「童心，ファンタジー，かわいい」といったイメージを「東京ディズニーランドらしさ」,「大人，ロマンティック，かっこいい」といったイメージを「東京ディズニーシーらしさ」として位置づけ，市場調査によってブランドイメージの浸透度合いを確認しながらブランディングを行っている（オリエンタルランド（2012)，p.22)。こうしたブランディングは，ブラン

図表10－8 東京ディズニーリゾートにおけるブランドイメージ

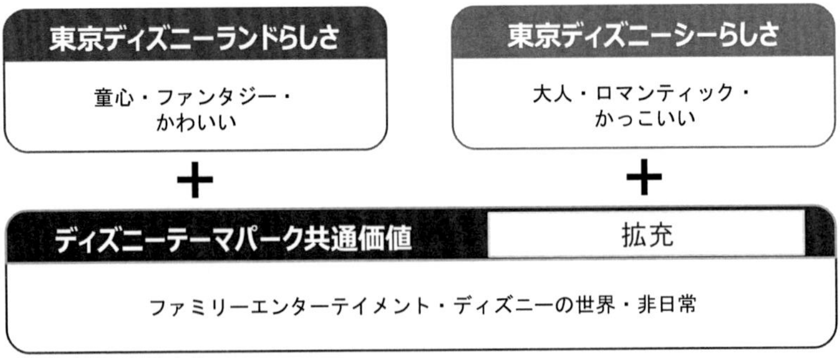

出典：オリエンタルランド（2012）をもとに著者作成。

ドイメージの形成だけでなく施設内でのコンテンツやサービスの開発，メディアへのコミュニケーション活動等あらゆるマーケティング活動の基軸となっている。

第2の方法はリピーターの獲得・維持を目指したサービスマネジメントの徹底である。テーマパークは，サービス・マーケティングにおける主要なフレームワークであるサービス・プロフィット・チェーン（Heskett et. al（1994）より）に近い形で，来場者に対するサービス品質をマネジメントすることで満足度，ロイヤルティに影響を与えることを目指している。これは，来場者に対する価値の高いサービスの提供と運営企業の収益性を両立し，来場者と運営企業間の長期持続的な好循環を構築する戦略といえる。東京ディズニーリゾートは，キャスト（従業員）が気持ちよくサービスを提供するための環境整備やマネジメントの強化が必要であり，従業員満足度の向上に努めることで，キャストの定着化と習熟度の向上を図るとしている。その結果，サービス品質が向上し，ゲスト（来場者）の体験価値・満足度が向上することを目指している（オリエンタルランド（2007），p.11）。このような取り組みによって，ゲストの満足度，再来園意向が向上し，東京ディズニーリゾートファン層の拡大，集客力のベースアップにつながるとしている（オリエンタルランド（2009），p.7）。また，来訪時の

図表10－9　東京ディズニーリゾートにおける満足度・ロイヤルティの循環

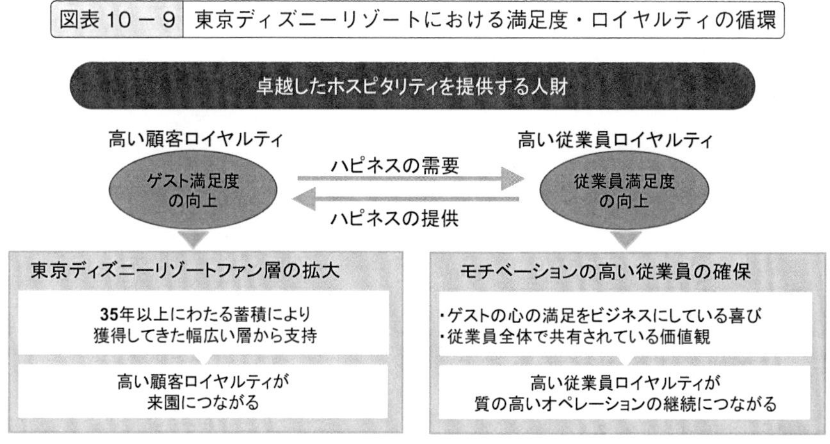

出典：オリエンタルランド（2019）をもとに著者作成。

満足度やロイヤルティは，来訪前のブランドイメージにも影響されることから，ブランドイメージの訴求方法の調整によっても，サービス品質や満足度，ロイヤルティの向上を図っていくことが可能である（河田（2023）より）。

③　テーマパークへのニーズ・欲求

テーマパークへの来場者のニーズ・欲求については，まずは，テーマへの没入感（immersion）が挙げられる（Li, et al.（2020）より）。このテーマパークのもつ世界観への没入による非日常感を味わいたいという欲求に対応したコンテンツやサービスを提供する必要がある。また，テーマパークで生起する感情としては喜びや興奮，快楽性が挙げられ，これらの感情を覚えることがテーマパークへの来訪の動機となるとともに，来訪後の高い満足度やロイヤルティの形成に影響するとされている（Bigné et al.（2005）より）。

（3）テーマパークにおけるSTP

①　テーマパークのセグメンテーション

テーマパーク来場者のセグメンテーションについて，地理的変数基準，人口動態変数基準，行動変数基準のそれぞれからみていくこととする。

地理的変数基準については，テーマパークへの来訪は居住地との距離によって，来場者にとって日帰りレジャー，宿泊をともなう国内旅行，海外旅行といった形で位置づけが異なってくるほか，日常的にマスメディアや宣伝・広告で接する情報も異なることから，基礎的なセグメントとして居住地が用いられる。

人口動態変数基準については，一般によく用いられる性・年代だけではなく，同行形態（ファミリー，友人等の同行者）も用いられる。同行者によって来場者を区分して分析することで，テーマパークへの来訪行動や来訪中の行動や意識の差異を認識しやすくなる。

行動変数基準については来園頻度が用いられており，年間の来園回数などによる区分で，リピーターの獲得・維持を意識したセグメントとなっている。

テーマパークにおけるセグメンテーションの例として，東京ディズニーリゾートにおける同行形態と来園頻度が挙げられる（東洋経済新報社（2009), pp.72-75)。東京ディズニーリゾートでは，過去のグループインタビューの調査結果から，40～50代のゲストの来訪中の行動が20代と変わらないことを把握し，年齢別のマーケティングでは顧客像を誤ってしまうことから，家族，友達同士，カップルといった来園時のグルーピングによるセグメンテーションを行っている。また，来園頻度に関しては，年1回以下とそれ以上の2つのグループに分け，さらに各グループを3～4つに細分化するとしている。例えば，園内でのイベントにおいては年に2～4回来園するゲストへはハロウィーンやクリスマスといった2～3カ月限定の「スペシャルイベント」を実施し，1年以上来園から遠ざかっている層に対しては1年間をかけて周年のお祝いを演出する「周年イベント」を実施する（オリエンタルランド（2012), p.26）など各種のマーケティング活動において活用されている。

② テーマパークのターゲティング

テーマパークのターゲットは主にファミリーが設定されることが多い。テーマパークへの来訪時の同行者はパートナー（配偶者・恋人），子供，同性の友人の順に多くなっている（楽天インサイト（2023）より）。このことから，テーマパークの来訪実態としてはファミリーが最もボリュームが多いセグメントとなっており，次に友人同士が多いといえる。また，ファミリーでのテーマパークの来訪は両親と子供を含むことが多いことから，グループの規模が大きくなりやすく，他の同行形態と比較して1回の来訪でのテーマパーク内での消費金額が比較的大きく，収益性が高いと見込まれる。

東京ディズニーリゾートではターゲットを単にファミリーとするだけではなく子供の年齢で細分化し，きめ細かくファミリー層へ対応するとともに，40代以上で子離れした層についてはポストファミリー層として市場を育成するなどターゲットの明確化に取り組んでいる（オリエンタルランド（2007), p.13)。さらに，幼少期の早い段階での来園経験が大きくなってからの再来園に結び付きやすいという調査結果から，幼少期での2つのパークへの来園を促進するなど，ライフステージ全体をカバーしながら長期的視点に立ってディズニーテーマパークファンの育成を進めている（オリエンタルランド（2010），p.20）。

実際にこのようなターゲットの考え方に基づきマーケティング活動が行われ，東京ディズニーシーへのファミリーで楽しめるアトラクションやショーの導入後には小人ゲスト（4～11歳）の取込み率（年代別ゲスト／年代別人口）が増加し，ポストファミリー層に向けた旅行パッケージ商品や入園チケットの販売，来園イメージを訴求する広告宣伝などの新たな来園機会の提案によって取込み率が増加している（オリエンタルランド（2013），p.17）。

また地理的変数基準からは，近年の訪日外国人旅行者の増加を集客機会ととらえ，テーマパークにおいても訪日外国人旅行者をターゲットとし，集客強化や来訪時の受入体制の強化といった取り組みが進められている（オリエンタルランド（2014），p.24）。

（4）テーマパークにおけるマーケティング・ミックス

① 製品（Product）

テーマパークにおける製品は，主にアトラクション，エンターテイメント（パレード，ショーなど），イベントといった中核的な提供価値と，テーマパーク内の食事やグッズなどの付随的な提供価値からなる。いずれもそのテーマ性が重視され，複合的かつ高品質なアメニティ，ホスピタリティの提供が求められており，集客・満足度向上の魅力となっている。

テーマパークでは継続的に新奇性がある常設コンテンツを供給することと，季節に合わせた歳時記のイベント（ハロウィーン，クリスマスなど）の期間限定感のあるコンテンツの提供を組み合わせていることが特徴である。上記の各製品要素は開発にかかる期間が異なり，集客や満足度の状況を加味し，中長期的な視点から投入時期の検討を行っていく必要がある。

一方で，時間の経過とともに常設コンテンツの品質や鮮度は劣化し，人気が低下する傾向にあることから，限られた事業用地を効率的に活用する観点から随時スクラップ&ビルドによって，施設全体のコンテンツのバランスや品質をコントロールしている。このように，テーマパークでは追加投資を積極的に行い，ゲストが常にコンテンツの変化を感じられるようにすることで，来訪のたびに毎回新たな楽しみを体験できるようにしてリピート来訪を促し，テーマパークのファンとなるように工夫を凝らしている。

② 価格（Price）

テーマパークにおいては，一部では入園料を徴収しないものもみられるが，多くの施設で入園料を徴収している。また，入園料には滞在中の主なアトラクション等のコンテンツの利用料金を含む形が多い。

テーマパークにおける価格戦略の中で最も慎重な意思決定が行われるのは入園料の価格設定であり，価格改定時には多くのマスメディアに取り上げられる。テーマパークの入園料は，この30年以上のデフレ傾向の中でも，継続的に値上げが行われている点に特徴があり，前述の通り，コンテンツの追加投資等によるテーマパークの価値の向上に合わせ，入園料の値上げを各テーマパークが積極的に行ってきたためである。

また近年では入園料の設定に，ホテルや航空会社のような変動価格制の導入が進められている。これは，来訪者の需要に合わせて価格を変動させることで，効率的に施設容量を満たせるように集客することが可能なため，収益性の向上に寄与するものである。2019年1月にはユニバーサル・スタジオ・ジャパンが変動価格制を導入したのを皮切りに，東京ディズニーリゾートにおいても2021年3月より2段階の変動価格制が導入されている。価格の設定に際し，東京ディズニーリゾートではさまざまな指標からテーマパークとしての価値を評価して，満足度，再来園意向などの調査データやマクロ経済環境や価格感応度などを総合的に考慮に入れて価格を決定している（オリエンタルランド（2015），p.7）。

また，入園料は年齢に応じた価格体系となっているほか，利用可能な時間に応じ，1日，夜間，複数日，年間等の区切りが設定され，来訪者のニーズに応じた価格の細分化により収益増を図っている。

③ チャネル（Place）

入園チケットの販売チャネルとしては，テーマパーク運営企業による直接的な販売と中間業者（旅行代理店，提携ホテル，鉄道会社等）を通じた間接的な販売が行われている。直接的な販売については，従来から行われているテーマパークの入口での窓口販売に加え，公式Webサイトや公式アプリ等のオンラインでの販売が行われており，入園後の他のオンラインサービスとの連携メリット等利用者の利便性の点から徐々にオンラインでの販売にシフトしている。また，旅行代理店等では入園チケット単体での販売だけでなく，テーマパークと交通手段，宿泊施設を組み合わせたパッケージ商品等の形態で販売されている場合もある。

④　プロモーション（Promotion）

テーマパークのプロモーションは，認知から実来訪に至るまでの態度変容プロセスに沿って，パブリシティ，広告宣伝活動，デジタルマーケティングを中心に実施されている。

テーマパークの話題は社会的に注目されやすく，イベントや新規コンテンツのオープン等の話題がTV番組等で取り上げられる形などパブリシティによって大きく露出する傾向にある。こうした情報の露出による消費者の関心を持続するために，広告・宣伝として，TVCMへの出稿や，交通広告の掲出等が行われ，話題醸成や来訪のきっかけづくりを図っている。このような情報の伝達を経た上で，来訪を具体的に検討する契機を提供するのが公式Webサイトや公式アプリ，公式SNSアカウント等を起点としたデジタルマーケティングである。具体的な営業時間や各種の施設についての情報，期間限定イベントに関する情報など来訪時の計画を立てるのに有益な情報やツールが提供され，来訪の実現の後押しとして機能している。また，テーマパークは消費者の注目が高い話題であることからクチコミやSNSでの拡散の効果も大きいため，マスメディアを通じたパブリシティの獲得と広告・宣伝やデジタルマーケティングによる消費者への情報伝達と，消費者相互の情報流通があいまって，多様な情報接点（タッチポイント）が創出されることが特徴である。

（河田 浩昭）

主要参考・引用文献

①節

Kotler, Philip & Kevin Lane Keller (2006), *Marketing Management, 12th. ed.*, Prentice-Hall.（恩蔵直人監修，月谷真紀訳（2008），『コトラー&ケラーのマーケティングマネジメント（第12版）』ピアソン桐原.）

小倉朋子（2014），『愛される「一人店」のつくり方』草思社.

近藤隆雄（1999），『サービス・マーケティング（第2版）』生産性出版.

総務省，「日本標準産業分類（令和5年7月告示，令和6年4月1日施行）大分類M—宿泊業，飲食サービス業 説明及び内容例示」

徳江順一郎（2013），『ホテル経営概論』同文舘出版.

西田安慶・城田吉孝（2011），『マーケティング戦略論』学文社.

日本フードサービス学会編（2015），『現代フードサービス論』創成社.

日本フードサービス協会（2024），「データからみる外食産業」日本フードサービス協会ホームページ，（2024年2月2日アクセス，http://www.jfnet.or.jp/data/data_c.html）.

（株）リクルート（2024），「外食市場調査」ホットペッパーグルメ外食総研公式サイト，（2024年2月2日アクセス，https://www.hotpepper.jp/ggs/）.

②節

徳江順一郎編著（2014），『ブライダル・ホスピタリティ・マネジメント』創成社.

徳江順一郎編著（2019），『セレモニー・イベント学へのご招待』晃洋書房.

彭永成（2023），『『ゼクシィ』のメディア史』創元社.

公益社団法人日本ブライダル文化振興協会『ブライダルコーディネーターテキスト　スタンダード』.

厚生労働省人口動態調査，（https://www.mhlw.go.jp/toukei/saikin/hw/jinkou/kakutei22/，2024年12月30日アクセス）

③節

内田彩・大久保あかね（2019），「第17章 観光と宿泊」前田勇編著『新現代観光総論 第3版』学文社.

大野正人（2019），『ホテル・旅館のビジネスモデル—その動向と将来』現代図書.

岡本伸之（1999），『現代ホテル経営の基礎理論』柴田書店.

徳江順一郎（2019），『ホテル経営概論 第2版』同文舘出版.

徳江順一郎編著（2023），『宿泊産業論 改訂版』創成社.

仲谷秀一・テイラー雅子・中村光信（2018），『ホテル・ビジネス・ブック（第2版）』中央経済社.

仲谷秀一・テイラー雅子他（2018），『ホテル・マーケティングブック』中央経済社.

原勉・岡本伸之（1979），『ホテル・旅館業界』教育社.
前田勇（2007），『現代観光とホスピタリティ―サービス理論からのアプローチ―』学文社.

④節

Bigné, J. E., Andreu, L., & J. Gnoth. (2005), "Thetheme park experience: An analysis of pleasure, arousal and satisfaction", *Tourism Management*, 26, pp.833-844.
Heskett, J. L., Jones, T. O., Loveman, G. W., Sasser, W. E., and Schlesinger, L. A. (1994), "Putting the Service-Profit Chain to Work". *Harvard Business Review*, 72 (March-April), pp.164-174.
Liang, Z., & X. Li (2023), "What is a theme park? A synthesis and research framework", *Journal of Hospitality & Tourism Research*, 47(8), pp.1343-1370.
Li, B., T. Zhang, N. Hua & M. F. Jahromi (2020), "Developing an overarching framework on theme park research: A critical review method". *Current Issues in Tourism*, 24(20), pp.2821-2837.
TEA/AECOM (2022), Global Attractions Attendance Report 2022. (https://aecom.com/wp-content/uploads/documents/reports/AECOM-Theme-Index-2022.pdf)
（株）オリエンタルランド（2007, 2009, 2010, 2012-2015, 2019），「アニュアルレポート」各年版.
河田浩昭（2023），「テーマパークの認知的・感情的イメージの来訪者ロイヤルティ形成に及ぼす影響に関する考察」『日本国際観光学会論文集』，30, pp.17-26.
綜合ユニコム（2023），「レジャーランド&レクパーク総覧 2023」.
総務省（2023），「日本標準産業分類（令和５年６月改定）（令和６年４月１日施行）大分類Ｎ－生活関連サービス業，娯楽業 説明及び内容例示」(https://www.soumu.go.jp/main_content/000935534.pdf).
東洋経済新報社（2009），「週刊東洋経済 2009 年 12 月 5 日号」.
直井岳人 & 河田浩昭（2021），「観光におけるサービスの側面とそのマネジメント」『サービス学会誌サービソロジー』，7(2), pp.41-48.
楽天インサイト（2023），「テーマパークに関する調査」. (https://insight.rakuten.co.jp/report/20230407/)

第11章

ホスピタリティが関連する産業のマーケティング

1 鉄道事業

(1) 鉄道事業の概略

日本における鉄道事業は，2022（令和4）年に開業150周年を迎えた。

2024（令和6）年現在，日本の普通鉄道は，JR旅客6社，大手・準大手私鉄21社，公営11社，第三セクター鉄道を含む中小民間私鉄133社，貨物鉄道10社の合計181社存在する。

しかし，日本の鉄道による輸送量は，旅客輸送，貨物輸送ともに減少傾向にあり，鉄道事業を取り巻く環境は決して明るい状況ではない。その理由としては，景気悪化に伴う雇用環境の変化や生産年齢人口の減少という構造的な要因に加え，2020（令和2）年に端を発したコロナ禍によるパンデミックの影響も大なるものがあった。今後も，人口減少および少子高齢化による旅客収益の減収は不可避な状況である。それでも，日本の鉄道は困難な状況を乗り越え，時代のニーズや欲求に対応して進化を遂げている。

本項では，日本の鉄道におけるニーズや欲求への対応，競争環境と企業戦略，鉄道事業の特色，日本の鉄道における本質について述べる。

① 鉄道会社が応えるニーズや欲求

これらの鉄道事業における収益手段は，主として鉄道輸送による運賃および料金によるものであった。つまり，移動という派生的需要に対応したものであった。最近はクルーズトレインのような本源的需要の創出にも注力している。

ただし，実は鉄道会社は，首都圏や京阪神など，大都市の人口集積地域を路線にもつ大手私鉄を中心に，創業当初から運輸事業以外の事業多角化に着手し，まちづくりを通じての需要創出を図ってきた。特に阪急電鉄の前身である箕面有馬電気軌道（現在の阪急宝塚線および箕面線）の沿線宅地開発や，ターミナルデパートの開業，宝塚歌劇団の発足による観光およびエンターテインメント産業の創出を実現させた小林一三による実績は，現在の鉄道事業にも受け継がれている。そして，国鉄分割民営化により発足したJR各社においても，発足当初の 1987（昭和 62）年から運輸事業以外の事業多角化に着手している。

すなわち，生活全般におけるニーズや欲求に応えているのが鉄道会社なのである。

② 鉄道事業における STP

日本では鉄道発足時から客車は 3 等級とされ，1897（明治 30）年には一等，二等，三等の制度が確立した。車両記号はいろはかるたに準じて一等車はイ，二等車はロ，三等車はハと表記された。その後，京阪電鉄や小田急電鉄などの私鉄車両では，夫婦などの男女二人が隣り合わせに座ることができるように二座席を一組とした「ロマンスシート」と呼ばれる座席を導入した事例も出来した。

1960（昭和 35）年における二等級制への移行（二等を一等に，三等を二等に移行）を経て，1969（昭和 44）年からは国鉄はモノクラス制を導入し，一等車をグリーン車，二等車を普通車とした（そのため，車両記号はグリーン車がロ，普通車がハとなっている）。それまで等級に応じて運賃や特急および急行料金などが分かれていたが，特急料金を同額としてグリーン料金や寝台料金を追加で加算する方式に改めた。これにより，セグメンテーション，ターゲティング，ポジショニングの，いわゆる STP もビジネス目的にほぼ収斂され，等級間の幅もぐっと縮まることとなった。

しかし，2011（平成 23）年に東北・上越・北陸新幹線においてグランクラスが登場し，2013（平成 25）年に JR 九州で日本初のクルーズトレイン「ななつ星 in 九州」が登場するなど，セグメンテーションの細分化が再び顕著となった。この傾向は，近畿日本鉄道（近鉄）の特急による「しまかぜ」や「ひのとり」に設定されているプレミアムシートや，東武鉄道のスペーシア X（写真 11 − 1）のプレミアムシートやコックピットシートの導入にもつながっている。

なお，ポジショニングに関しては，各社とも鉄道事業については営業エリアが分かれていることもあって検討することが難しい。一部，小売業などの多角化事業でのみ検討可能であるため，本稿では省略する。

写真 11 − 1　東武鉄道のスペーシア X

出典：著者撮影。

③　鉄道会社におけるマーケティング・ミックス

次に，鉄道におけるマーケティングの 4P についても考察する。

製品については，車両や座席などその内装（アメニティ）だけでなくダイヤ面についても該当する。Express の訳語である急行列車や特別急行列車，いわゆる特急列車については，アメニティ以上に高速化による時間短縮を実現させたことで価格，流通，販促にも活用され，ホスピタリティのツールとして極めて効果的であることが実証されている。高速なのは鉄道の速度だけではなく，「奇跡の 7 分間」と称される東海道新幹線の車内清掃の高速ぶりも高く評価されている。こうした努力を積み重ねることにより，乗客にとって使いやすく，かつ少しでも早く目的地に着けることを実現し，アメニティ面による快適性も含め，競争優位の源泉となるのである。

価格は許認可が前提のため，運賃ではなく特別料金での差別化がなされている。特に通勤時の着席特急列車やグリーン車などのハイグレード車両の普及により，乗客は快適な通勤を，鉄道事業者は増収増益を図る，WIN-WIN の関係を目指している。

流通面や販促面においては，かつては駅に設置されたマルス端末による直販と，同端末を設置している旅行会社経由での販売が基本であったが，現在は JR 東日本の「えきねっと」や東海道新幹線の「EX 予約」など IT 化が進展し，私鉄各線の特急列車，優等列車も乗客によるパソコンやスマホなどを通じてのネット経由での直接取引が一般化している。これらの普及により，座席指定の概念も一段と進行し，自由席車両が減少傾向にある。

（2）鉄道事業における競争環境と企業戦略

競争環境については，前述したような特定の地域における独占性と，その結果による地域間競争の側面が存在する。同区間の鉄道事業における競争要素としては，時間短縮，アメニティ・ホスピタリティの充実，安価な運賃の 3 点が存在するが，異なる区間や異なる地域であっても，沿線人口獲得という競争が存在している。その結果，鉄道事業者はまちづくりに注力することとなる。

鉄道事業者は，沿線地域の発展をもたらす「沿線地域ブランディング」を企業戦略の根幹に置いている。沿線のイメージアップを図ることで不動産価値を増大させ，沿線人口の増大と沿線地域活性化を実現させ，鉄道事業者の価値を上昇させることが目的である。事実，各大手私鉄の中には，すでに鉄道収入を上回る不動産収入を実現している事業者も存在する。JR 九州のように，JR でも不動産収入が鉄道収入を上回っている事業者もある。

（3）鉄道事業におけるその他の特徴

冒頭でも述べた通り，鉄道事業単体で黒字を出すのは非常に難しい。日本における鉄道事業者の固定費比率は 83.9％（2020 年）ときわめて高く，上下分離方式を進めている欧米各国と比較すると，負担が重くのしかかっていることが理解できよう。だからこそ，需要創出と黒字化のためにも小売，他の交通モード，ホテルや料飲サービスなどホスピタリティ系やエンターテインメント，建設業や金融業などの事業多角化を推進する必要がある。

しかし，鉄道事業の多角化といっても沿線外の事業展開も難しいことを考慮すると，根幹の鉄道事業の成長もまだまだ必要である。都市部での時間帯別運賃導入や，地方における観光による交流人口増大を図るためのフリーパス導入は，過大な投資の抑制，利用者にとっては利便性や快適性の向上に直結することから，貴重な伸びしろであるといえるだろう。

(4) 日本の鉄道事業における「第3の波」

日本に鉄道が誕生して以来，日本の鉄道事業が担ってきた役割について「波」の概念に基づいて考察すると，3種類の歴史的なフェーズが存在していると考えられる。

日本の鉄道事業における「第1の波」は，「富国強兵・殖産興業」であった。明治維新直後の1872（明治5）年の開業は，明治政府が掲げた「富国強兵・殖産興業」実現の象徴でもあり，日本の軍事・産業の担い手として鉄道は位置づけられた。爾来，軍事輸送と物資輸送の両面で文字通り大車輪の活躍を遂げ，ロジスティクスの根幹は鉄道によってもたらされた。旅客輸送も増大し，1920（大正9）年には鉄道省が設置され，観光面においても重責を担うことになった。この波は第二次世界大戦の終戦まで続いた。

そして，「第2の波」は，「高度経済成長」であった。終戦直後は混乱期を迎え，数々の事件が生じたが，鉄道は戦後復興に大きな役割を果たした。日本国有鉄道（国鉄）が1949（昭和24）年に発足し，昭和30年代以降の高度経済成長においては，通勤客をはじめとする都市内輸送に多大なる貢献を果たした。大都市に労働力が集中したことにより，通勤ラッシュが過激さを増したため，都市部で地下鉄が建設，開通され，都市内路線は過密ダイヤで輸送力を強化した。中長距離の都市間旅客輸送も鉄道が担うようになり，高速化の担い手として新幹線が登場した。反面，物資輸送の主役は大型自動車（トラック）へと転換された。そして，高所得者が増大したことにより，休暇を獲得した労働者が観光を楽しむ時代が到来したことを受け，これらの観光客の足としての役割も担うこととなった。

しかし，この「第2の波」も翳りを迎えることとなる。整備新幹線や首都圏における通勤五方面作戦の建設費用の借款，地方ローカル線の衰退などによる赤字額が総額で約31兆円を数えるに至った。これにより，1987（昭和62）年の国鉄分割民営化に伴い，JR（Japan Railways）に改組され，北海道，東日本，東海，西日本，四国，九州，貨物の各鉄道会社が発足した。そして，1990（平成2）年に端を発したバブル経済の崩壊により，日本は高度経済成長の終焉を迎え，鉄道事業も過渡期を迎えることとなった。地方における移動手段はモータリゼーションの波に押され，長距離移動は航空機に取って代わられたことにより，移動手段としての鉄道の役割が大きく揺らいだ。

そこで，日本の鉄道事業における「第 3 の波」である。21 世紀に入り，日本の鉄道が担う役割は「環境と観光」である。環境の世紀といわれる 21 世紀において，世界中で鉄道の環境的な貢献が見直され，持続可能な移動手段としての鉄道が再評価されている。低炭素化社会における輸送手段の CO_2 削減を目標とした「モーダルシフト」がその代表事例である。そして，日本においては 2003（平成 15）年の小泉純一郎首相（当時）による「観光立国宣言」をきっかけにインバウンド振興を掲げたことにより，観光客輸送の公共交通機関の根幹として活躍を担うことになった。そして，クルーズトレインなどの「観光列車」の登場により，鉄道車両や鉄道構築物が観光資源として活用されることにもつながり，鉄道沿線をテーマパークと位置付ける動きも出ている。航空の発達によって大陸間移動から客船が駆逐されたのちに，クルーズ船舶が登場したことにより，旅客船舶会社が海運事業からサービス・ホスピタリティ産業へと変容したのと同様に，鉄道事業においても移動手段としての交通産業から，サービス・ホスピタリティ産業としての役割を担うことになったといえるだろう。この点は，マーケティングの基本概念にあるのが「需要創出」というキーワードであるということを改めて強調しておきたい。

コロナ禍を乗り越えたとはいえ，鉄道事業が直面する課題は山積している。しかし，「第 3 の波」ならではの長所である同業者連携や他業種連携をさらに進めている鉄道事業の，今後の事業展開に大いに期待したい。

（崎本 武志）

2 クルーズ事業

(1) クルーズ事業について

クルーズ事業とは，国土交通省港湾局産業港湾課（2019）では，「クルーズ船を，旅客の船旅に供する事業」と定義している。いわゆる船舶を利用した観光事業である。しかし，観光事業とはいうものの，船舶を利用したものすべてがクルーズ事業と呼ばれているわけではない。

わが国の法令では，船舶安全法では12人以上，海上運送法では13人以上の定員を有する船舶が客船と定められている。その中でも，宿泊設備を有し，エンターテインメントやアミューズメント施設を備え，長期間の船旅を楽しめる客船を一般的に「クルーズ客船」と呼んでいる。また，国土交通省港湾局産業港湾課（2019）では，クルーズ船について「船旅に必要となる宿泊施設やその他レストラン，バー，プールなどの設備を備えた客船」と定義している。

客船は，定員数で定義されているが，「クルーズ客船」は，客船としての定員の他に，宿泊設備等の長期間にわたる船旅を楽しめるような構造を必要としており，クルーズがそのような意味をもって使われていることから，短距離・短時間で運行される遊覧船等とは区別されている。そのため，横浜港や神戸港等で運航されているディナークルーズや横須賀軍港めぐりはクルージングツアーと呼ばれてはいるものの遊覧船扱いとなる。クルーズという言葉には，巡航という意味が含まれており，その意味を利用した名称として，遊覧船にもクルーズを使用していることが考えられる。

本節ではクルーズ事業とは，観光に関連する事業の中でも，クルーズ客船を用いた観光事業として定義する。

（2）クルーズ事業の概略

クルーズ事業のプロダクトには，世界一周ツアーをはじめ，周遊する地域によって，カリブ海，地中海，アラスカ，北海・バルト海・ノルウェー，アジア，リバー（ドナウ川や長江等），ハワイ周遊や日本国内を巡る近海ツアー等さまざまなプロダクトが用意されている。

プロダクトはそれぞれ，日数や参加人員も違い，その違いによって使用する船の種類も変わってくる。船の種類が違うとその客船に備えられている設備や提供されるサービスも変わってくるため，その価格についても範囲が広い。

クルーズ市場においては，価格帯と船の規模によって，いくつかのカテゴリーに分けられる。価格帯については，ラグジュアリー，プレミアム，カジュアルに分けられ，船の規模については，大型，中型，小型とそれぞれ3段階に分類されることが多い。

船の種類については，前述のとおり大型船から小型船までに分類されるが，その分類には総トン数が基準として使われる。総トン数とは，船体や船室で囲まれた空間の容積の合計を指す。そのため，全長や全幅が大きいからといって，必ずしも大きくなるわけでなく，船上の構造物の区画等により，その内容量が変化することも特徴として挙げられる。

船の大きさに比例して，客室や各種設備に利用できる広さが確保できるわけであり，船内設備は船種ごとに違いがある。船内設備について，プリンセス・クルーズの「ダイヤモンド・プリンセス」を例に挙げると図表11－1，図表11－2のとおりである。

この図表をみてもわかるように，船内はほぼホテル同等もしくはそれ以上の設備が備えてある。客室もホテル同様にスイートルームからツインルームまで完備されている。

今回はダイヤモンド・プリンセスを例に挙げたが，船によってはシングルルームを備えたものもある。また，施設ではないが，船内専用のアプリもあり，

図表11－1　船内客室設備一覧

	広さ（㎡）	バルコニー	バスタブ	シャワー	備　考
スイート	49～124	○	○	○	
ジュニア・スイート	33	○	○	○	リザーブ・コレクション・ジュニア・スイート（特典付きタイプあり）
海側バルコニー	22～29	○	×	×	一部視界に制限あり
海側ツイン	17～19	×	×	×	窓あり（一部視界に制限あり）
内側ツイン	16～17	×	×	×	

出典：次図表とも，プリンセス・クルーズホームページをもとに著者作成。

図表11－2　その他の船内設備一覧

娯楽施設	屋外シアター，屋内シアター，カジノ，フィットネスセンター，バスケットボール，パドルテニス，ミニゴルフ等
商業施設	免税品店（ジュエリー，香水，時計等），アート・ギャラリー
料飲サービス	ナイトクラブ，ラウンジ，バー多数，メインダイニング，イタリアンレストラン，寿司，ステーキハウス等
その他	展望浴場，スパ，プール，写真スタジオ，チャペル，インターネットカフェ，図書室，医務室，船内サービス専用アプリ等

そのアプリを使って，船内の好きな場所でランチができるなど，ITを使ったサービスも提供されている。

2024年の日本発着のダイヤモンド・プリンセスのツアー予定を見ると，10日前後のコースが多く，寄港地も数カ所に及ぶため，比較的海上を航海する時間が短くなっているが，長期航海でも顧客が退屈しないような船内設備が随所に揃えられている。

クルーズツアーは，航海中は常に海上にあり，沖合に出れば見渡す限りの水平線で，そこで見られる日出没は，普段の生活では経験することのない非日常を味わうことができる。また，食事も3食，常に提供され，日常生活も忘れることができるだろう。ただし，忘れてはいけないことは，海上を航海する限り，船は常に動揺しているということである。

クルーズ客船は，小型船でも総トン数が数万トンあり，航海技術の進歩と，動揺を抑えるためのフィン・スタビライザも装備していることから，あまり気にすることはないかもしれないが，完全に自然に歯向かうことはできない。そのような動揺がある生活もある意味非日常である。

（3）クルーズ事業のマーケティング

クルーズ事業におけるプロダクトは，前述したとおり多種多様であり，そのツアーの期間も世界一周ツアーとなるとおよそ3～4カ月，長いものでは9カ月間の期間を要し，それに伴う価格が発生する。旅行内容や価格帯によって変動はあるものの，外航ツアーでは，1カ月単位や2週間前後のツアーがある。そのようなプロダクトに対しては，富裕層は別として，一般の顧客層にどのようなターゲットが存在するかである。

クルーズ事業は基本的に，期間が長いため絶対的な価格も高くなる。そのようなプロダクトのメイン・ターゲットとして考えられるのは，アクティブ・シニアと呼ばれる層になるだろう。仕事はリタイヤし，比較的時間の余裕があり，日本国内の場合は，退職金を利用した自分へのご褒美旅行としての側面もある。このターゲットへの対応事例として，某通信販売大手の取り組みを紹介する。

同社は，50～60代をターゲットとした自社顧客層とこのクルーズのプロダクトに対してのターゲットとする層が重複するため，自社で旅行会社を立ち上げ，クルーズ事業に乗り出し，オリジナルのクルージングツアーを企画するなどして，堅調な売上を記録している。

このように，クルーズ事業の特徴からアクティブ・シニア層をターゲットとしたマーケティング戦略を展開しているが，最近では，2～7日程度の短期間で国内を周遊できる内航ツアーも販売している。このツアーの場合，これまでネックだった長期間と短期間になったことによる価格の低減が計れ，20～40代の層もターゲットにできる商品企画も目立つようになってきた。

すなわち，短期間のクルーズツアーができたことで，アクティブ・シニア層だけでなく若年層もターゲットとすることが可能となったのである。そのため，最近では，プロモーションにも変化が見られる。海外大手クルーズ会社がテレビ CM によるコマーシャルを放送し始めたのである。YouTube 等の SNS でも，国内発着クルーズを紹介するなど，今後の内航ツアーの展開にも注目する必要がある。

（4）クルーズ事業における事業環境

新型コロナウィルス感染症の影響により世界中でクルーズ船は運航停止を余儀なくされてしまった。国内でも，2020 年 1 月に横浜大黒ふ頭へ接岸したダイヤモンド・プリンセス内での新型コロナウィルスの集団感染事案は，記憶に新しいところである。そのため，2020 年以降の 3 年間は，クルーズ船乗客は激減してしまう。

では，その新型コロナウィルス感染症前のクルーズ事業はどうだったのだろうか。図表 11 － 3 は，2010～2019 年までの 10 年間のクルーズ船を利用する日本人乗客数の推移である。増減しながらも右肩上がりで推移しており，10 年間で約 2 倍近い乗客数になっている。

その矢先での新型コロナウィルス感染症だったわけであるが，その後，順次，運航を再開し，国土交通省海事局・港湾局（2023）では，2023 年に日本国内で予定されているクルーズは，外国船，日本船あわせて約 400 本以上としており，回復の兆しをみせてきている。

クルーズ事業については，前項でも触れたように，テレビ CM を使ったプ

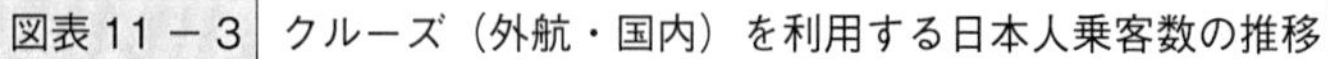
図表11－3　クルーズ（外航・国内）を利用する日本人乗客数の推移

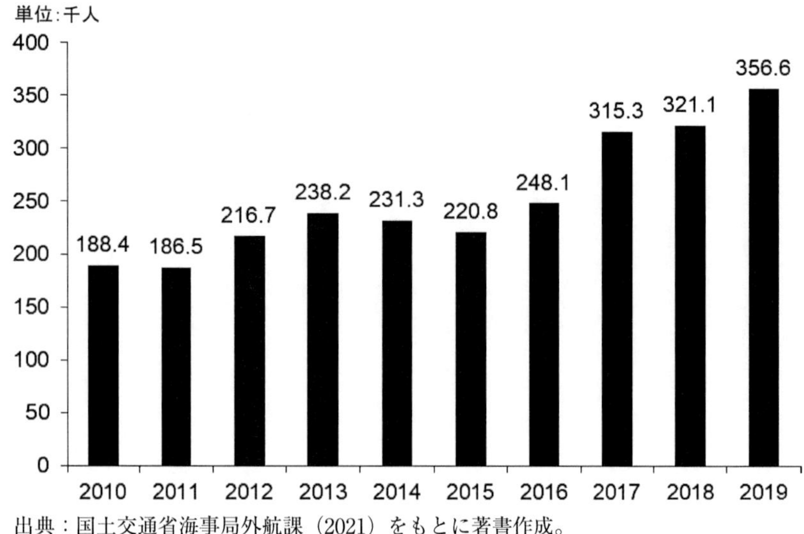

出典：国土交通省海事局外航課（2021）をもとに著書作成。

ロモーションなど，プロダクトの種類の増加もあわせて，新型コロナウィルス感染症前とは大きく変化してきている。もちろん，このように変化を見せてきたことで，今後の日本市場にも影響がおよぶとみていいだろう。

市場が大きくなることで，クルーズ事業各社の競争は激しさを増すことが予想される。競争が増すことにより，クルーズ事業全体が洗練され，多様な顧客に合わせたよりよいプロダクトが提供されていくだろう。今後のクルーズ事業に大きな期待をもって，継続して眺めていきたい。

（田上 衛）

3 航空事業

（1）航空事業のマーケティング

①　航空事業におけるニーズや欲求

航空事業は，第1節の鉄道事業同様，ほとんどの場合，それに乗ることが目的ではなく，他の目的のために移動が必要な際，特に遠距離の場合に利用される交通機関である。すなわち，本源的需要ではなく派生的需要に対応している事業ということになる。中には，会員組織のステイタスを維持するためのいわゆる「修行」として，特定の地域間を単純に往復したり，年越しの初日の出を見るための遊覧飛行といったものもあるが，全体からみればごく少数であり，ほとんどの場合には他に目的がある。

こうした前提があるため，航空事業には，安全に，かつ早く目的地に着くことがなにより求められることになる。この点は鉄道事業と同様である。

ただし，空港の立地は多様であり，空港と最終目的地間のアクセスもこの「早く」という要素に影響を及ぼすことになる。例えば，以前の広島空港は市内中心部からほど近い場所にあったが，現在は広島駅周辺からでは 1 時間前後もかかるようになってしまっている。そのため，他の交通機関との競争で，やや不利な状況といえる。一方で，福岡空港は博多駅や繁華街の天神から地下鉄で 2 ～ 4 駅ときわめて至近にある。こうした条件は，後述する競争環境に大きく影響を及ぼすことになる。

他のニーズや欲求としては，ゆったりと過ごせるシートが欲しいとか，美味しい食事も摂りたいといったものが挙げられよう。これらはいずれも，上級クラスの設定で対応している。詳しくは次項で説明する。

②　航空事業における STP

航空事業においては，長いことファースト，ビジネス，エコノミーの 3 クラス制が採られていたが，最近は，より細分化する動きが生じている。エコノミーとビジネスの間にプレミアム・エコノミーが設定されたり，ファーストの上にスイート（シンガポール航空）やレジデンス（エティハド航空）といったさらに上級のカテゴリーが開発されたりしているのである。こうした動きは，支払える金額を軸として，従前よりも細分化を進めた結果であるといえる。

一方で，エコノミーよりさらに低価格帯を標的とした LCC（ローコスト・キャリア）の台頭も目覚ましい。エアアジアやライアンエアーのように，既存のレガシー・キャリアを脅かす存在になっている企業も出現している。

加えて，LCC よりもさらに低価格を実現した ULCC（ウルトラ・ローコストキャリア）や，逆にレガシー・キャリアとLCCの間を狙ったような位置付けの航空会社も設立されているのが現状である。

こうした動きはいずれも，航空市場の拡大とともに，そして，利用者の経験の蓄積とともに欲求の多様化が進み，それに応えるための各企業による努力の結果といえるだろう。

世界的な潮流としては，メガ・キャリアと呼ばれる従前からの航空会社が，国内外に多くの路線を設定しつつローカル線は子会社や提携企業に任せたり，別途子会社を設立するか買収によってLCCを傘下に置くケースが増えている。これにより，市場をまんべんなくカバーしつつ，ターゲティングとしては差別化型のマーケティングを展開しているということになる。逆に，単独企業のLCCは，集中型のマーケティングを志向している。

最近では，行動変数の導入により，利用経験の相違で顧客を分けるケースが増えている。すなわち，搭乗距離を基本として計算された「マイレージ」を，顧客のロイヤルティを示す代理指標として用い，上級顧客についてはラウンジ利用や優先搭乗などのさまざまな特典を付与して顧客を分けるようになってきている。

③ 航空事業における4P

航空会社が提供しているのは移動そのものであるため，希望の目的地に就航しているか否かが利用者にとっての重要な選択基準となる。米国で開発された「ハブ&スポーク」という路線網は，少ない機材で多くの目的地に就航できるようにした工夫の1つである。

他方，サービス財としてとらえた場合には，この移動のための空間や移動にかかる時間，CA（キャビン・アテンダント）による多様なサービスの提供，そして，路線網やダイヤなどもProductsを構成すると考えられる。

昨今のエアラインで著しい進化が進んでいるのが座席である。ファーストクラスやそれ以上のクラスにおいては，もはや部屋と呼べるようなスペースが確保されるようになっている。ビジネスクラスもフルフラットのシートが基本となりつつあり，中にはファーストクラス並みにパーティションで区切られてい

写真11－2，11－3　エティハド航空のファーストクラス（左）とビジネスクラス（右）

出典：著者撮影。

るものも存在する。

現在，各社のバリエーションがもっとも多様なのがプレミアム・エコノミーであろう。企業ごとにビジネスクラス寄りのものからエコノミー寄りのものまであり，試行錯誤が続いているといえる。エコノミーは概ね，シートそのものに関しては各社の差がそれほど大きくはなくなってきている。ただし，日本航空（JAL）のみ，他のレガシー・キャリアよりも横の列で1席程度少ないことが多く，その分ゆったりとした設定になっている。

なお，最近は機体そのものも炭素繊維複合材を採用したり，空調を工夫したりして，機内環境を地上となるべく変わらないようにしている点もポイントであろう。

IFE（イン・フライト・エンターテインメント）と呼ばれる機内で提供されるエンターテインメント要素も進化が進んでいる。かつては決まった時間に前方スクリーンで映画を上映するのが基本であったが，現在では個別のモニターで，映画やゲームを好きな時に楽しめるようになってきている。

他に重要な要素としては，機内食も挙げられよう。郷土料理をうまく取り入れたり，著名なシェフ監修による食事の提供をしたりして差別化を模索している。

CAは本来，保安要員としての存在感が大きい。そのため，座席数などに応じて搭乗人数も決まっている。しかし，緊急事態以外は，お客様に料飲サービスの提供やさまざまなリクエストへの対応が主たる業務となる。まさにホスピタリティ実現の核といえるだろう。

移動の時間を提供している以上，ちょうどいい時間帯に出発し，やはりちょうどいい時間帯に目的地に到着することも重要である。国内線の場合には，本数が少ないと実質的な時間短縮効果が削減されてしまい，競争力が削がれてしまうという側面もある。

価格に関しては，需要に応じて価格を上下させることが広範に取り入れられており，そのための理論体系もかなり研究が進んでいる。これは，イールド・マネジメントと呼ばれ，特に座席数の多いエコノミー・クラスでは隣席との価格差が数倍にも及ぶこともある。

かつては旅行会社経由での販売が主流だった流通も，現在では自社 HP 経由での直販の割合が高まっている。好みの座席を選べるうえ，会員組織のステイタスに応じてより快適な座席を選べるようにするなど，各社工夫を凝らしている。

最近は，各社ともアプリを通じた顧客との接点づくりに熱心である。予約して搭乗する際以外にも関係を維持するため，かつては幅広いマイレージの提携がなされていたが，それ以外の多様な試みがなされるようになってきている。それに合わせて上級顧客を選別する方策もチューニングされ，生涯顧客づくりに意識が向けられるようになっているようである。

（2）航空事業の競争環境と企業戦略

かつての航空事業は，莫大な初期投資が必要なことや，公的機関が設置する空港を利用する必要性などから，さまざまな規制のもとで経営されていた。しかし，米国における 1978 年の航空規制緩和法を皮切りに，1980 年代にかけて，航空における規制緩和が急速に進むことになった。

米国ではパン・アメリカン航空（パンナム）が国際線を主として担当し，ノースウエスト航空が太平洋路線を，トランスワールド航空が大西洋路線を分担しており，その他の航空会社は基本的に，国内線のみを飛ばしていた。自由化の進展によりパンナムは倒産し，アメリカン航空，ユナイテッド航空，デルタ航空の 3 社を軸に集約されていったことは周知の事実である。

わが国でも，日本航空が国際線と国内幹線，全日本空輸（ANA）が国内幹線と一部の国内ローカル線，東亜国内航空（当時）が一部の国内幹線と国内ローカル線を担当というように役割分担がなされていた。これも 1985 年に撤廃されることになり，東亜国内航空が日本エアシステム（JAS）となり，その後に日本航空と合併，さらには新たな航空会社が多数設立されるなど，混とんとした状況に変化していった。

こうした変化の結果，現在の航空市場は，かなり自由競争の趣が強くなってきつつある。もちろん，空港の発着枠などに制約があるのは確かであるが，メガ・キャリアでも従前のように安穏としていられる環境ではない。

むしろ，わが国の場合では国内線と新幹線など，他の交通機関との競争を，より検討する必要がある。新幹線駅の多くは都市中心部の便利な場所にあるが，空港は一般に，中心部からは離れたところに立地している。そのため，空港へ（空港から）のアクセス時間も所要時間の検討に入れる必要が生じてくる。また，新幹線は 1 分前に到着しても乗れるが，空港の場合には一定の時間，例えば 20 分前や 30 分前までに保安検査場を通過する必要がある。結果として，移動の時間そのものは航空の方が早いが，全体の所要時間としては，変わらないということも生じうるのである。

加えて，頻度の問題もある。東海道新幹線の場合には 1 時間に最大 17 本程度まで運行できるという。そのうち最速の「のぞみ」号は 12 本となっており，最ピークでは 5 分に 1 本もの頻度を誇っている。航空路線をここまでの頻度で設定することは現実的ではなく，この点では専用の駅と路線を保持する鉄道の利便性が勝っているといえるだろう。

事実，東京－新潟，東京－仙台間の移動に関しては，新幹線が誕生して以降，各地と羽田との航空路線はなくなってしまった。東京―広島間では，広島空港が遠隔地に移転してしまい，広島中心地から 1 時間程度かかるようになるとともに，新幹線の速度向上もあり，所要時間 4 時間弱の新幹線のシェアが伸びている。福岡空港は博多駅まで地下鉄で 2 駅ときわめて利便性の高い立地であるが，JR 西日本が「500 系」を開発して以降，新幹線のシェアが伸びている。

こうした，航空会社のみにとどまらない要因が大きく影響を及ぼす点は鉄道と異なっており，空港会社（設置者）と連携して空港の利便性向上に努めるなどといった方策が求められることになる。これは国際間競争でも同様で，海外に目を転じると，シンガポールや香港，ソウル（仁川），ドバイなどに利便性の高い空港が存在しており，そういった空港をハブとするエアラインは，国際競争において優位性を獲得している。

なお，かつての航空会社は，わが国における鉄道事業と同様に，関連事業に対する多角化にも熱心に取り組んでいた。特に，ホテルには多くの企業が参入したが，現在ではほとんどがエアライン傘下を離れるか影響力が減らされている。これは，鉄道事業における多角化が，実際には本業の需要創出にも関わるものであることがほとんどであるが，航空の場合には逆の状態になっていた点がポイントといえるだろう。

（3）航空事業におけるその他の特徴

前述したように，エアラインの利用に際しては空港に早めに到着しておくことが求められる。そのため，空港での待ち時間が生じることになるが，それに応じた設備として，上級クラス向けにはラウンジが用意されている。ラウンジは上級クラスのみならず，上級会員にも開放されることが多い。

また，前述したように空港といった自社以外の要素もさまざまに影響を及ぼすが，実は機材そのものも，大型旅客機は基本的にボーイング社とエアバス社の寡占状態にあり，その他の選択肢はない。かつてのわが国では，ボーイング747型機（B747）が花形で，JALとANAはいずれも導入し（JASは導入しなかった），その後は同じ会社のB777型機が後を継いだ。しかし，さらに次世代は，ANAはB777型機の最新鋭機を選定した一方で，JALはエアバスA350型機を選定するといった形で意向が分かれるようになっている。LCCで主役を務める小型機でも，B737とA320で同様の図式がみられ，同様に寡占化が進んでいるエンジンのメーカー3社の選定も含め，航空会社を考察するためには，こうした業界を取り巻く環境に対する視点も重要なものとなる。

航空業界では，IT化の進展により予約管理システムであるコンピューター・リザベーション・システム（CRS）が進化してグローバル・ディストリビューション・システム（GDS）となり，これが会員組織の強化にもつながった。そのうえ，世界的な航空アライアンス，すなわちスターアライアンス，ワンワールド，スカイチームの誕生にも派生し，顧客囲い込みに拍車がかかることになった。

一方で，こうしたアライアンスの枠にとらわれない LCC や ULCC などが誕生し，新しい市場を開拓して急成長している状況をみていると，さまざまな革新により市場を創造していくことが，やはりマーケティングのポイントであると再認識させられよう。

（徳江 順一郎）

4 小売業

（1）観光における小売業の意義

旅行に出かけると，多くの人は，その時の体験を土産物という形にして持ち帰る。土産物は，特別な瞬間や出来事を思い出させてくれる（Swanson（2004）より）とともに，贈った家族や友人と体験を共有する機会にもつながる。

土産物の消費は，観光産業にとっては事業体の，観光地域にとってはインフラを含む地域経済の維持に貢献してくれる。

その一方で，せっかくの土産物も訪問地域の資源が活用されていないどころか，他の地域や，場合によっては他国で生産されたものであったりすると，がっかりさせられることも少なくない。まして，地域経済にとっては地域ブランドの育成や成長にもつながらない。下手をすれば，地域の差別的優位性さえも損ねてしまう。

本節では，小売業におけるホスピタリティを観光との関わりで考えることにしたい。なお，小売業のホスピタリティについては，佐々木（2021）を参照されたい。

（2）消費者の期待

Moscardo（2004）は，オーストラリアのファー・ノース・クイーンズランド地域へ休暇に向かう人が訪問先を決定するうえで，28 種類のデスティネーション（旅の目的の項目数）の特徴の重要性を調査した。その項目の中で，買い物は28項目中21位という結果であった。

ところが，調査回答の1/3の人が買い物を「重要」または「非常に重要」と評価していた。アクティビティへの参加や観光地・地域への訪問の場合は，実際にショッピングに参加する割合が高く，回答者の49%が地元のアートや工芸品を買いに行き，62%が一般的なショッピングに行っていた。つまり，意識の上では，観光に出かけるからには，観光そのものを重視しているが，そこでの体験を持続させたいという冒頭の記述を裏付ける結果が表れていると考えることができる。

■4つの買い物グループの買い物行動パターン（Moscardo, 2004）

① 「真剣な買い物客」は，主要なショッピング・モールと特定の地元の工芸品店や土産物店への来店率が最も高かった。

② 「あまり真剣に買い物をしない人」は，商店への来店率が高かった。

③ 「美術工芸品を買う人」は，地元の美術工芸品や農産物を専門に扱う市場への来店率が高かった。

④ 「買い物をしない人」は，すべての買い物の場への来店率が最も低かったが，それでもかなりの割合でショッピング・モールや市場を訪れていた。同グループは買い物をしないと答えているが，ショッピングエリアには行っている。いわゆる購買関与度の低いグループではあるが，小売業者側の関わり方次第で，買い物が促される可能性が考えられる。

同研究から，2つのことが明示されている。

① 観光体験の一部としての買い物行動の自由度が認められる。買い物をする機会は目的地選択において重要でないと答えた人の大多数が実際に買い物をしており，買い物をしないと答えた人のかなりの割合が，それでも（土産物の）商店街やショッピング・モールを訪れている。

② 買い物は女性特有の行動ではなく，4つの異なる買い物グループ間で性別分布に有意な差は見られなかった。

観光の中で買い物をする観光客は，目的地の選択時における買い物の重要性と，実際の買い物行動パターンをベースに一貫したグループに分類することができる。図表 11 － 4 は，土産物購入も含む観光客の買い物に関する基本的な概念図である。

本図は，買い物の動機を道具的動機と表現的動機の 2 種類に区別する。表現的動機とは，買い物が期待通りのもので，そもそも買い物自体が目的となっている状況を指している。これは，真剣な買い物客の購買行動に正当性を与えるものであり，リラックス，社会的刺激，あるいは社会的地位と関連している。

また，買い物の道具的動機には少なくとも 3 つのタイプがある：

図表 11 － 4　観光客の買い物に関する基本的な考え方

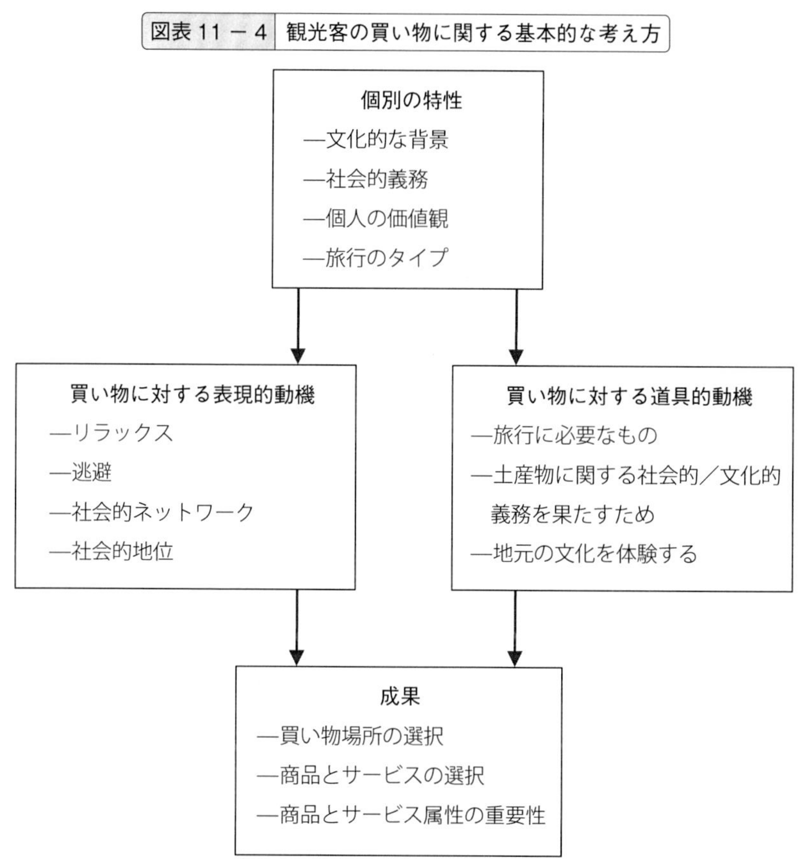

出典：Moscardo（2004），p.36 に著者が加筆修正。

・社会的または文化的義務を果たすための土産物の購入

・生活必需品のための買い物（あまり真剣に買い物をしない客に見られる）

・地元の文化を体験する手段としての買い物

これらの動機は観光客の社会的ネットワーク，文化的背景，個人的価値観，旅行スタイルによって決定される可能性が高い。そして，どのような買い物動機が，どのような買い物の場を訪れ，どのような商品やサービスを求めるかに影響を及ぼす可能性が高い。

（3）小売業の取り組み方

Swanson (2004) が米国南西部（アリゾナ，コロラド，ニューメキシコ，ユタの各州）という比較的古くから，アメリカ人のフロンティア精神にアピールする観光地として親しまれてきた地域で，土産物それ自体，小売店が扱う土産品の重要度，商品属性，店舗属性という3つの要素について実施した調査から，これら地域の小売業者の買い物客に対する意識が明確にされている。この結果で興味深いのは，観光客は小売業者よりも，これら3つの要素の平均評価を高く考えていることが明らかになったことである。これは，小売業者が「土産物は重要でない」と回答する傾向が強いのに対し，観光客は「土産物は重要でも重要でなくもない」という中立的な回答をしていることを示している。前項で見たように，観光客は自身の意識に気づいていなかったり，土産物を購入する機会があれば重要如何ではなく，土産物を購入する傾向にある（Moscardo (2004) より）。

Swanson (2004) の調査からは，土産物に関しては，各要素において観光客の平均評価が小売業者よりも高いという結果が出た。観光客は土産物を旅行体験の思い出として高く評価しているという Moscardo (2004) に基づけば，観光客が土産物小売業者よりも土産物を高く評価するのは当然かもしれない。観光客の土産物の買い物体験とそれに関連する売上を向上させるために，小売業者は観光客が購入する商品に注意を払い，特定の土産物が旅行者にとってどのような意味をもつのかを把握する必要がある。

観光客は，あらゆる土産物カテゴリーから商品を購入している。観光客の土産物の買い物体験の質を改善し，売上を伸ばすためには，小売業者は近接する他の小売店との間で品揃えを多様化させる必要がある。この調査の結果，米国南西部で購入されている商品の範囲は幅広く，価格も手ごろであることが明らかになった（Swanson（2004）より）。他店とは異なる印象を与え，観光客が買い物体験において土産物をより重要なものと感じられるようにするために，小売業者はStone（2004）の提唱する品揃え戦略が参考になる。

すなわち，広く浅い土産物の品揃えを提供することからはじめ，各商品タイプに対する観光客の需要をモニターし，最終的には特定の小売業者独自の，より狭く深い土産物の品揃えを用意する。例えば，隣接する小売店が衣料品や宝飾品を販売している場合，特徴的な代替品として地元の食品や玩具を提供する。隣接するお店がアート・ギャラリーであれば，芸術愛好家を惹きつけるような，他に類を見ない芸術的なスタイルの衣類を提供する。これは，価格帯別に，バリュー志向の商品ミックスを提供するか，高価格だが売れる可能性のある商品を厳選して提供することで差別化を図ることもできる（Stone（2004）より）。

Swanson（2004）の調査からは，さらに，ユニークな旅行要素（有名な職人によって作られた，ユニーク，高品質な仕上がり，革新的，巧みな）は，商品属性カテゴリーに関して，小売業者と旅行者の間で最も大きな違いが出た。その結果，旅行者は小売業者よりもユニークな要素に高い平均評価を置いていることが明らかになった。

ユニークな商品の属性要素に集中することで，小売業者は観光客の土産物の購入体験の質を改善させ，売上を増加させられる可能性がある。小売業者は，土産物の品揃えを決定する際に，高品質な仕上がり，有名な地域職人の手によるもの，限定デザインなどの特徴をもつ商品に重点を置く必要がある。逆に，小売業者は，ユニークな商品の基準を満たさない，あまり質の高くない普通の商品の販売を制限すべきである。小売業者は，観光客の入店を促すために，ユニークな商品を店の前面近くに置くとよい（Swanson（2004）より）。大分県豊後高田市では，商店街の再生の取り組みとして，町が最も栄えていた昭和40年代に売上の好調であった商品を改めて店頭に出すことで，「昭和レトロの街づくり」で昭和世代の中高年から好評を博し，町が再び活気づいた（佐々木他（2016）より）。

観光客に対する接客のトレーニングを受けた販売員が常駐することで，観光客の好みに適した商品の提供がやりやすくなる。アーティスト・イン・レジデンス（AIR）を導入すれば，地元の職人が小売店内に作業場を設けることもできる。観光客は，彫刻家，宝石職人，芸術家，職人が製品を作る様子を見学し，製品に込められた職人技を理解することができる。愛媛県内子町の天神産紙工場が所有する倉庫を同町の和紙職人やデザイナーが改装し，「天神館」と名付けてAIRを始めた。アトリエやワークショップ（WS）も開催し，アート作品の展示販売ギャラリーとして活用する。地元の伝統的工芸品である手すき和紙商品やフランス伝統の金属箔装飾技法「ギルディング」や木工体験のWSにも参加できる（愛媛新聞2022年11月23日）。同町は，農産物直売所「からり」が観光客を集客する施設の中心だが，さらにこうしたAIRによって観光の付加価値が高められている。

（4）観光における小売取引事例

前項で考察したような観光客の多様なニーズを踏まえたホスピタリティ・マーケティングの取り組みを行っている観光事業者による，小売部門を重視した事例を見ていくことにしたい。

①　メトロポリタン美術館

2005年に著者が訪問した際のヒアリングでは，同美術館は，年間500万人が訪問する規模の収容人数に対して，1,800人の常勤スタッフが対応し，教育・文化プログラムを実施し，所蔵物の収集等にも，莫大なコストがかかるとのことであった。入館すると大ホールには円型のカウンターのインフォメーションデスクがあり，ここでも専用ホームページでも日本語を含む10カ国語で対応している。

約2.6億ドルの運営資産を有する（2019年度は4億ドル弱に増加）が，日々の運営を賄うために収入源の多様化を追求している。収入は以下の内訳となっており，次項の直近の数値と比較しても，同美術館の運営の多くが収益事業と寄付金から成り立っていることが見て取れる。観光施設の運営に，小売の売上の貢献度がいかに高いかが理解できよう。

小売については，館内のThe Met storeを中心にKioskが何店舗か配置されている。ウェブでの販売も積極的に行われており，さらに，ウェブが普及する前ほどではないが，NYに2店，タイにも1店舗開設されている（かつては日本にも店舗が開設されていた）。品揃えは，宝石から衣類・アクセサリー，室内装飾品や書籍・文房具と幅広く，価格帯もプレミアム・レベルから大衆レベルまで多様な設定となっている。

■2005年度営業収入，補助金および給付金（補助活動を除く）の内訳（単位：千ドル，美術館から直接入手した資料による）

【内訳】	入館料と会費	40,919
	寄付と補助金	31,911
	NY市による運営予算割当額	18,940
	現在の個々の活動に対する寄付	57,731
	収益事業	102,305
	他の収入	5,897
	営業収入，補助金および給付金の総計	251,806

■2019年度と2018年度の収入の内訳（単位：千ドル）

（https://www.metmuseum.org/-/media/files/about-the-met/annual-reports/2018-2019/annual-report-2018-19.pdf?la=en&hash=CA4A390302ED38ACB2EB9ACEBB7B80E6）

		2019年度	2018年度
【内訳】	入館料	55,059	48,148
	会費	29,091	28,650
	寄付金と助成金	29,48	31,700
	NY市からの運営予算割り当て額	26,822	25,446
	現在の活動に対する寄付支援	80,826	78,759
	小売と補助的な活動	85,842	88,117
	その他の収入	8,232	8,357
	使途不特定収入	73,088	75,560
	営業収入，補助金及び給付金の総計	388,442	384,737

② 境港の水木しげるロード

（a）概　要

境港市の観光協会の取り組みについて紹介する。著者が最初に訪問した1998年の入り込み客数は45万人ほどであったが，NHKの朝ドラで「ゲゲゲの女房」が放映されたブームもあって，2008年には170万人が来訪した。市の人口は，2022年度末に3万2,774人で，水木しげるロードの取り組みが奏功して，多様な業種の店舗が展開するようになっている。

観光客の滞在時間も，平均1～2時間から3時間程度にまで伸びた。特に，妖怪スタンプ・ラリーを導入したことで，37カ所廻らないとスタンプが集められないため，滞在時間の延長に成功した。観光協会と水木しげるロード振興会（http://mizukiroad.net/）で主催している。このラリーは，妖怪ガイドブックを100円で購入してもらい，これが協会の収益源になった。市からの補助金を使わなくなったのである。スタートから1年半で15万部販売された。

（b）補助金に頼らない工夫

建設を進められなかったブロンズ像（一部歯抜けになっていた）をスポンサーシップで建設することにも成功した。1スポンサー100万円出してくださいと個人に募集したのである。10年かけて10体建てる予定が，1カ月で18体建てた。その後1年弱で，28体へのオファーがスポンサー（ファン）から届いて，その段階で設置場所がなくなってしまい，ペンディングとなった。グループ会社から連名で出したケースもあったが，ほとんど一体につき1スポンサーがついた。スポンサーが申し込むと，プレート（像）を描き制作してもらい，それを市に寄贈する。協会は中間のエージェントとなる。業者に制作を発注し，水木ロードと交渉をして，工事が完了すると寄付債の届けをお客さんに書いてもらい市に寄贈する。メンテナンスは市が担当する。プレートが妖怪像に残るので，企業にとっては広告になり，一般のファンにとっては勲章になる。完成すると，水木先生が妖怪一体ごとに触って入魂式を行った。この式にはお客さんも参加することで，大きな反響を呼んだ。これは，外部のお客様に投資していただく投資的予算である。その結果，「ハイ・サービス日本300選」の第6回受賞企業にも選定された。

（c）商店街を構成する商店主たちの意識の変化

水木しげるロードの地元の商店の人たちの意識も変わっていった。電器屋さんが土産物屋さんになったり，薬屋さんも鬼太郎関連の薬を販売するなどして，鬼太郎や水木先生の関連のグッズを扱うようになっていった。業種の垣根を超えて，訪問する観光客とのホスピタリティを重視するようになっていったのである。

③　伊勢神宮・おかげ横丁（佐々木茂・通産省委託事業：1998 年）

（a）概　要

（株）赤福は創業 315 年の歴史を有し，関連会社の（株）伊勢福がおはらい町に構築したおかげ横丁を運営する。この赤福の本店は，国道の開通により裏通りになってしまった。この地を訪れる交通手段が，鉄道から観光バスやマイカーへと変遷していき，オイルショック以降，人通りが減り，お正月しか人通りがない状態になってしまった。年間で 10 万人しか来街のない通りになってしまったのである。

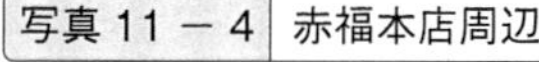
写真 11 － 4　赤福本店周辺

出典：著者撮影。

これに対して，1979（昭和 54）年から，赤福が 5 億円を集めて市に寄付した。そのうち，3 億 5 千万円を街並み整備に，1 億 5 千万円を道路に使ってもらった。36 の建物がリフォームされ，電柱を地下に埋設し，石畳の道も造られた。

（b）再開発の発端（動機づけ）

本店の売上の減少，10 代続いた宗家に申し訳がない，本店の誤認（ほとんどの内宮参拝客は，赤福の本店は，鳥居近くの支店と勘違い），昔の賑わいを取り戻したいといったさまざまな理由から再開発に踏み切った。

（c）経営全般

おかげ横丁の細部も赤福が考え，浜田総業という別会社により運営している。顧客にゆったりと寛いでもらい，リーズナブルな価格で提供している。他の店も商品の販売価格は，市価よりも安めに設定している。顧客の内訳は，65％が参拝客で，残りは，地元の一般消費者である。

（d）マーチャンダイジング

かつては伊勢が，全国の情報が集まり発信する基地であった。従業員が，主に三重県内を回って商品を調達してくる。そこで，赤福ブランドとの組み合わせを通じて，地域と一体となったマーチャンダイジングが可能となる。

（e）おかげ横丁の各店舗の運営

35 店中，25 店が直営店である。ただし，テナントには，赤福の接客などの研修を全員に月 1 回受講してもらう。マーチャンダイジングも，品質向上のために伊勢福のチェックを受ける。

（f）ターゲットはシニア（来街者 500 人にアンケート）

おかげ横丁来街者を年代別にみると，10 代：6％，20 代：20％，30 代：20％，40 代：23％，50 代：17％，60 代：17％，70 代：3％で，このうち 60％以上はリピーターであった。

旅行形態としては，個人：13％，家族：54％，小グループ：30％，団体：3％といった内訳で，圧倒的に家族や個人旅行が多い。おはらい町やおかげ横丁を知った媒体としては，口コミ：57％，ガイドブック：27％，テレビ番組その他：16％である。

また，来街者の出身地は，伊勢市：15％，鳥羽など周辺：8％で，その他三重県内：21％，県外：56％と県外が半数以上を占めている。地元の産品は，スーパーマーケットと同じ価格帯で販売し，地場産業を重視している。

（g）入り込み客数の推移と売上高

初年度：154万人，2年目：164万4千人，3年目：174万4千人，4年目：190万5千人，5年目：200万人と，毎年着実に集客力を増やしている。こうした賑わいが創出された結果，横丁の売上は25億円（1998年当時）となった。

（佐々木 茂）

主要参考・引用文献

①節

大塚良治（2023），「鉄道資産の『テーマパーク化』を基盤とした観光振興と鉄道活性化」『江戸川大学紀要』(33)，pp.117-132.

国土交通省（2020），「令和2年　鉄道統計年報」.

崎本武志（2020），「鉄道事業における宿泊」徳江順一郎編著『宿泊事業論―ホテルと旅館の事業展開』第12章，創成社，pp.119-138.

藤井秀登（2012），『現代交通論の系譜と構造』税務経理協会.

安本宗春（2016），「観光資源として活用される地方鉄道―三陸鉄道による地域振興」『国際公共経済研究』第27号，pp.35-43.

②節

国土交通省海事局外航課（2021），『2020年我が国のクルーズ人口等の動向について』.

国土交通省海事局・港湾局（2023），『クルーズの最近の動向について』.

国土交通省港湾局産業港湾課（2019），『クルーズ船のホテルとしての活用に係るガイドライン Ver1.0』.

国土交通省 HP：https://www.mlit.go.jp/index.html（2024年1月28日閲覧）.

プリンセス・クルーズ：https://www.princesscruises.jp（2024年1月28日閲覧）.

③節
井出明・古賀広志（2017），「マイレージに基づく新時代の航空マーケティングに関する研究」『航政研シリーズ』（616），pp.1-33，航空政策研究会.
羽原敬二（1997），『研究双書 第105冊　航空機ファイナンスの諸問題』関西大学経済・政治研究所.
山内弘隆（1991），「国際航空輸送の自由化と多国間主義」『一橋論叢』第106巻第5号.
『月刊エアライン』各号，イカロス社.

④節
Moscardo, Gianna（2004），“Shopping as a destination attraction: An empirical examination of the role of shopping in tourists' destination choice and experience,” *Journal of Vacation Marketing* Vol.10 No4, pp.294-337.
Stone, Elaine（2004），*The Dynamics of Fashion*, Fairchild.
Swanson, Kristen K.（2004），“Tourists' and retailers' perceptions of souvenirs,” Journal of Vacation Marketing Vol.10 No4, pp.363-377.
佐々木茂・石川和男・石原慎士（2016），『新版 地域マーケティングの核心』同友館.
佐々木茂（2021），「第11章 小売業におけるサービスとホスピタリティ」『ホスピタリティ産業論』創成社.
「空き倉庫　文化拠点に　内子「天神館」 和紙職人ら　アート・ギャラリーに改修　創作やWSも」，愛媛新聞 朝刊2022年11月23日.

第12章

これからのホスピタリティ・マーケティング

1 ホスピタリティの将来を考えるにあたって

手厚い人的サービスが求められるホスピタリティ産業においては，可能な限り「人手を介す」ことが重要とされ，ふんだんに人材が投入されてきた。また，非日常を演出するために，大量のエネルギーを消費し，食べ残しが生じることも日常茶飯事とされてきた。

確かに，観光立国を目指すわが国においては，ホスピタリティ産業が果たす役割も大きく，そうしたビジネスのスタイルもある程度は仕方なかったかもしれない。しかし，最近増えている「ライフスタイル・ホテル」などには，こうした「大量生産・大量消費型」の手法に疑問を呈し，新しい試みを果敢に取り入れた施設も出現してきている。

2020 年からはコロナ禍によりホスピタリティ産業は壊滅的な打撃を受けたが，2023 年頃からは一転して人手不足という問題が顕在化した。この数年間を経て，社会を取り巻く状況は大きく変化したが，それは右肩上がりに成長しつつあった業界に対して，油断せぬようにと鳴らされた警鐘であったようにも感じられる。

その結果，さまざまな点で大きな変化が生じている。コロナ禍以前はタクシーの支払いは現金が基本であったが，コロナ禍後は一気にキャッシュレス化が進んだ。というより，他国と比べて遅れていたキャッシュレス対応が，多くの分野で一気に進んだことも怪我の功名かもしれない。

わが国の宿泊産業は，1990 年代以降の世界的なホテル企業再編から取り残され，現在では極東ローカルで細々とビジネスをしている状況である。もはや，グローバルにチェーン展開をし，数億人もの会員を抱える世界のホテル企業とは，とても太刀打ちできないようにも思える。

しかし，イノベーションによって市場が一変した事態は，これまでもいくらでも生じた。その意味でも，今後のホスピタリティ・マーケティングにとって重要な要素をまとめておくことは，有意義であると考える。

本章では，デジタル化の（さらなる）推進によるコスト削減とマーケティング力の強化，さまざまなクライシスに際しての対応力，そして，持続可能な観光を担う一翼としてのホテルにおける成功事例を通じて，ホスピタリティ産業の将来を検討していく。

（徳江 順一郎）

2 ホスピタリティ DX

（1）ホテルにおける DX 化のポイント

ここ最近，ホスピタリティ産業における DX 化が話題となっている。コロナ禍がひと段落つき，急速な需要増大に伴う人手不足という実態もあるため，急速に脚光を浴びているという側面もあるが，一方で，この産業はこれまで，他業界と比較して DX 化が進んでいなかったという点も否めない。

それでは，ホスピタリティ産業の代表格である宿泊産業は，どのような DX 化を目指せばいいのか，以下でまとめよう。

DX 化には階層がある。経済産業省の「デジタルトランスフォーメーションの加速に向けた研究会」によると，そもそも DX とは，次のように定義されている。

> 企業がビジネス環境の激しい変化に対応し，データとデジタル技術を活用して，顧客や社会のニーズを基に，製品やサービス，ビジネスモデルを変革するとともに，業務そのものや，組織，プロセス，企業文化・風土を変革し，競争上の優位性を確立すること

そして，その実現のためには，以下の3段階がある。

① デジタイゼーション：アナログ・物理データのデジタルデータ化

IT システムを導入して業務をデジタル化する，すなわち，業務フローを部分的・局所的にデジタル化することであり，業務効率化が主な目的となる。例えば，紙で対応してきた業務をデジタル化することが該当する。

⇒「ツールのデジタル化」

② デジタライゼーション：個別業務・製造プロセスのデジタル化

特定の業務プロセスをまるごとデジタル化し，新たな価値やビジネスモデルを生み出すことである。

⇒「プロセスのデジタル化」

③ デジタルトランスフォーメーション：組織横断／全体の業務・製造プロセスのデジタル化，“顧客起点の価値創出”のための事業やビジネスモデルの変革

組織全体をデジタル化することで，ビジネスモデルや組織そのものも変革させていくことである。

⇒「ビジネスのデジタル化」

まず，①のデジタイゼーションと②のデジタライゼーションは，顧客や従業員間のやり取りを含む関係のデジタル化や，システム導入とそれに伴うさまざまな要素のデジタル化が該当する。例えば，紙台帳での管理を予約システムや会計システムに移行すること，手紙をメールやSNSに置き換えること，現金決済だけでなくクレジットカードやQR決済を導入すること，物理的な鍵からカードキーやQRキーなどに変更すること，会員証を会員アプリにすることなどが挙げられる。メリットとしては，業務量の削減や簡易な複製による転記ミスの削減，保管資料のボリュームの削減や紙の使用が減ることによる省資源などがある。デメリットとしては，共通のプラットフォームが必要となるうえ，プライバシーへの配慮，抵抗勢力の存在などが挙げられる。特に，人手を減らすことなどは抵抗感が大きいが，なんでも人手をかけることが正解ではないことに注意が必要である。一部のホテルでは，カードキーの導入に際して大変な根回しが必要だったという。「鍵はあの重さがいいんだ」という，それこそ情緒的な反応への対応に追われてしまったようである。

人手不足の折，特にバックヤードやバックオフィスのデジタル化は喫緊の課題となっている。ここはまさに「不確実性」が存在すべきではなく確実な対応が求められる部分であり，むしろ一刻も早く，せめてデジタイゼーションすべきであろう。

そして，③デジタルトランスフォーメーションであるが，これはそもそも「宿泊産業は『泊まるため』にあるのか？」といった根源的な問いに答えることになる。ご存じのとおり，宿泊産業は宿泊以外にも，料飲サービスや宴会といった各部門を抱えているが，これは単に，休む，美食，集うといった機能だけに応えているのであろうか。最近では，「サードプレイス」すなわち家庭でも職場でもない「第3の場所」的な使い方，あるいは「つながる」ための場としても注目が集まっている。そのため，それを実現する新しい仕組みが作れるかということ，その実現に向けて「人々が過ごす『時間』をクリエイトする産業」という認識も必要となる。

日本人は「ゼロから作る」ことは苦手であるが，外から入ってきたものを，自分たちの使い勝手がいいように改変することはきわめて得意であり，漢字からひらがなやカタカナを創出したのがいい例である。海外で生まれた「ホテル」を日本的にアレンジして，小さなスペースでも効率的に使えるようにまで昇華させたのは賞賛されるべきことであるが，次のステップとしては，日本人ならではのきめ細やかさをDXにどう取り入れるかが，現在問われている。

常識を疑うことも重要であり，「ヨソモノ，ワカモノ，バカモノ」にも耳を傾けて発想の転換につなげることこそが，本当の意味での「トランスフォーメーション」につながるのである。

（2）宿泊施設における対応

昨今の宿泊産業では，DX化の要としてのProperty Management System（以下，“PMS”という）によって，予約管理，客室状況の管理，顧客データ管理，財務会計・管理会計との連動，意思決定のための分析など，さまざまな情報管理がなされるのが一般的となっている。このPMSは，複数の宿泊予約サイトとの連動を図るサイト・コントローラーというシステムとの連携により，OTA（オンライン・トラベル・エージェント）や旅行業との連動も図れるが，それぞれの事業者によって対応の可否があるのでその点には注意が必要である。

2023年11月に発表されたQYResearch社の調査によれば，2022年のPMS世界市場規模は1,015.4百万ドルと推測されており，2029年までの年間平均成長率は11%で，2029年には2,254.8百万ドルにまで市場規模が拡大するという。その背景には，現在は宿泊施設が単体でビジネスを提供できる環境ではなく，他のさまざまな要素，例えば周辺の観光資源・観光施設や，交通機関との連携が重要になってきていること，より精緻なマーケティングを展開するための，顧客情報の蓄積と分析が必要とされてきていること，それにも関連して，顧客を会員組織で管理して，囲い込みを図ろうとしていることなどが挙げられよう。

2020年から2024年3月にかけて開催された，日本能率協会による「宿泊業のスマート化研究会」においてもさまざまな議論が展開された。昨今の技術革新を反映して，お客様1人1人の好みに合わせた映像配信や，テレビを中心とした客室内端末を通じた交通機関の手配，客室清掃状況の管理など，宿泊施設はまだまだDX化の可能性に満ち溢れている。結局，その基幹に位置するのはPMSであり，今後の期待はさらに大きいといえるだろう。

PMSのベンダーとしては，専業系では（株）TAPや（株）ALMEXのWincal,（株）ネットシスジャパンのコアキャスト，（株）ナバックなど，さまざまな企業が存在し，それぞれ特色あるサービスを提供している。大手電機メーカーからも，NECによるNEHOPSや富士通によるGLOVIAといったブランドが展開されている。世界的にはオラクルによるOPERAが多くのメガ・チェーンで利用されており，世界市場の1割程度のシェアを占めていると推測されている。

また，図表12－1でも掲示した（株）タップは，（一般社団法人）宿泊施設関連協会（JARC）とも連携し，沖縄県うるま市に，こうしたDX化推進のための実験ホテルTHL（タップ・ホスピタリティ・ラボ）を開設した。図表12－1で示した諸要素は，提供する各企業で規格の統一ができていないものも多いため，さらなる連携の可能性を模索し，また，従前のUI（ユーザー・インターフェース）で対応可能であるかを検証し，必要であれば改善を図るなどといった実験が実施されている。

学術的な研究としては，井上（1985）がかなり初期のものといえるが，その後，当該分野に関しては，わが国においてはそれほど深く研究はなされてきていないようである。むしろ，産業界の方が，施設側とメーカー側のワークショップ型商品開発（サービス開発）などを通じ，常にブラッシュアップがなされている。

図表12－1　(株)タップが提供するサービス関連図

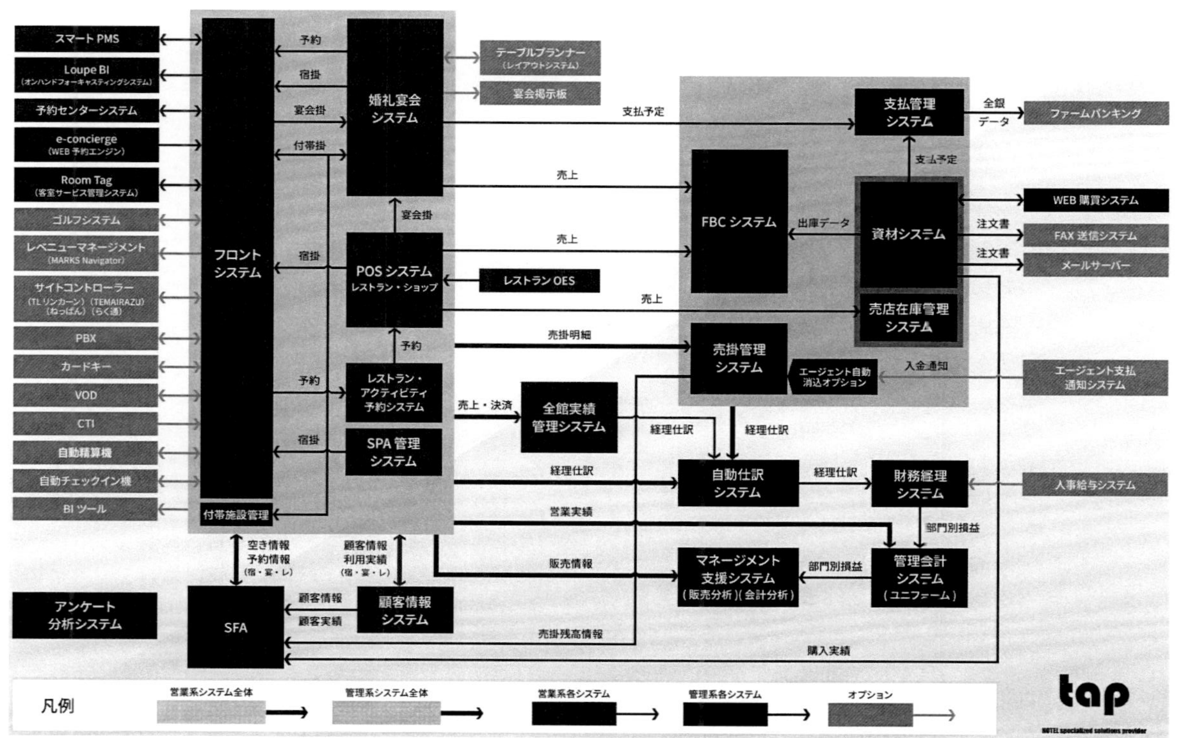

出典：(株)タップ HP（https://www.tap-ic.co.jp/system_service/?menu=top）より。

写真 12－1　THL（タップ・ホスピタリティ・ラボ）

出典：著者撮影。

今後のポイントは，エアラインのシステムのように，顧客が直接アクセスできるような UI にしていくことや，前述したスマート化研究会での議論のように，1人1人にいかにきめ細かく多様なサービス提供が可能となるかといった点が重要となるだろう。加えて，地震の多いわが国では，自然災害発生時の対応や，持続可能性に対しての配慮も必要とされ，これも PMS がその中心に位置することになろう。その辺りの議論は，以下で別途，検討を加えていく。

（徳江 順一郎）

3 ホスピタリティと危機管理

（1）はじめに

2024 年 1 月 1 日，能登半島に甚大な被害をおよぼす地震が発生した。この災害の影響によって，和倉温泉や輪島など，有名な観光地が点在するこの地域のホスピタリティ産業は甚大な影響を受けた。過去を遡ると，自然災害のみならずさまざまな災害によって，ホスピタリティ産業は負の影響を受けてきた。災害が発生するたびに被災地は旅行者数を減少させ，復旧および復興に一定の期間を要してきたのである。

災害の発生は想定せざるを得ないため，ホスピタリティ産業には「災害前の対策」と「災害後の対応」を最適化することが求められる。図表 12 － 2 は，沖縄県が定めている観光危機管理計画の考え方である。ここでは，「平常時の

図表12－2　観光危機管理における4R

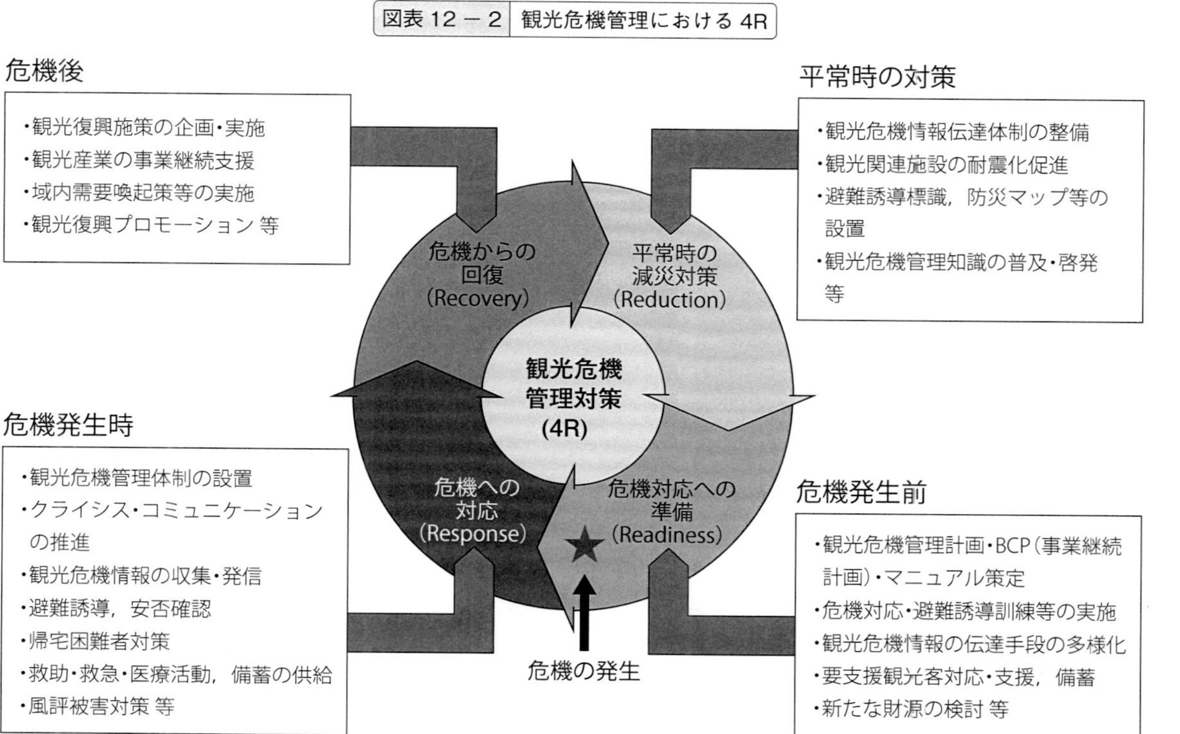

出典：第二次沖縄県観光危機管理計画，p.10.

対策」から「危機発生前」,「危機発生時」,「危機後」の4つのフェーズを1つのサイクルとして整理している。災害の影響は広範囲かつ中長期に及ぶ場合もあるため，行政と産業の連携による地域一体となった対策と対応が必要となる。この節では，4つのフェーズに沿って，行政と事業者の両視点から，事例を交えつつホスピタリティ産業における危機管理について検討する。

(2) 災害前の対策

① 平常時の対策（Reduction）

第二次沖縄県観光危機管理計画が掲げている，平常時の4つの対策の中から「観光危機管理知識の普及，啓発」について紹介する。

第二次沖縄県観光危機管理計画の「観光危機管理における4R」のサイクル図（図表12－2）が示すとおり，過去に発生した災害における回復の延長線上に平常時の対策は位置づけられる。以下，復興対策から平常時の観光危機管理知識の普及，啓発につなげている事例を紹介する。

長崎県の雲仙普賢岳が噴煙を上げ始めたのは，1990年11月のことである。1792年の「島原大変」から198年ぶりの噴火であった。災害後，長崎県は旧小浜町（現在の雲仙市）や島原市，南島原市などの復興対策として，「火山観光」の推進を盛り込み，島原半島全域の観光振興に取り組んだ。この復興策は，その後に具体化される土石流被災家屋（写真12－2）や火砕流で被災した旧大野木場（おおのこば）小学校を保存した災害遺構（写真12－3）につながっていく。

災害後，その影響で廃校になった旧大野木場（おおのこば）小学校と隣接する場所に，大野木場監視所（大野木場砂防みらい館）が建設された。ここでは火山に関する資料などが展示されており，社会科見学を目的とする学生などを集めている。その一方で，この施設は以下の4つの機能を兼ね備えており，平常時の観光危機管理知識の啓発につなげている。

- 土石流・火砕流・溶岩ドーム等の監視（4階）
- 緊急時の無人化施工操作室の確保（3階）
- 火山砂防の広報（3階／1階／地下1階）
- 避難場所の確保（地下1階）

写真12－2　道の駅で展示されている土石流被災家屋

出典：著者撮影。

写真12－3　廃校になった旧大野木場小学校（右）と大野木場砂防みらい館（左）

出典：著者撮影。

② 危機発生前（Readiness）

第二次沖縄県観光危機管理計画が掲げている，危機発生前の5つの対策の中から，「観光危機管理計画・BCP（事業継続計画）・マニュアル策定」について紹介する。

令和6年能登半島地震で，輪島市は甚大な被害を受けた。道路，水道，電気など，インフラ設備の復旧作業には一定の期間を要すると想定される。輪島市は，金沢市や南加賀地域の避難所へ一時的な避難を希望する方を対象として，自宅の復旧や仮設住宅などへ入居までの期間において，金沢以南のホテル・旅館など（県外の可能性有）を二次避難場所（滞在費無料）とすることを発表している。

じつは，能登地域では，能登半島地震（2007）の発生前に避難計画を策定していたため，既存のコミュニティを壊すことなく，旅館やホテルを避難所の一部として活用した事例がある。その後，震災前から存在した町づくり協議会が主導し，早急な復旧・復興へとつなげている。

災害はどこの地域にも発生しうる事象である。平常時から，災害対策について行政と産業が連携して，これらの宿泊費や移動費を，どこが負担するのかなど含めて，災害時の取り決めをしておく必要がある。

(3) 災害後の対応について

① 危機発生時（Response）

第二次沖縄県観光危機管理計画において掲げている，危機発生時の７つの対応の中から「観光危機情報の収集・発信」について紹介する。

アメリカ・ニューヨークで発生した同時多発テロ（2001年）では，テロという特殊事情から，状況の把握には時間がかかり，行政からの公式なアナウンスが遅れたが，収集した情報により，概要がわかりはじめると，情報発信を強化するなどの対応に着手した。

まず，マンハッタンの詳細な被害状況について，テレビCMなどを通じて情報を発信し，「被害の大きかったところ」と「被害が無い・少ない」場所の線引きを明確に発信した。さらに，航空会社や空港のセキュリティを高めることで，旅行者の安全と安心の回復にも注力した。状況の不透明さが不安要因の１つとなるため，情報の発信と目に見える対応が，安心につながっていったと考えられる。

② 危機後（Recovery）

第二次沖縄県観光危機管理計画が掲げている４つの対応の中から，「観光産業の事業継続支援」について紹介する。災害後における観光事業者の事業継続は行政からの支援のみならず，民間や個人の支援も必要となる。中でも，ボランティアによる復旧・復興支援が近年，注目を集めている。

災害後，二次被害の可能性が低くなった段階で，一般人が被災地に足を踏み入れることが可能となる。災害ボランティアは，阪神・淡路大震災が発生した1995年が元年とされる一方で，ボランティアツアーに関しては，東日本大震

図表12－3　ボランティアツーリズム関連記事

掲載日	見出し
2011/5/17	気仙沼のホテル若者の支えで営業再開
2011/5/18	ヨコの連携で被災地支援　杉並区主導
2011/5/25	南三陸町商店街応援ツアー開催
2011/5/28	社員のボランティア応援　IBM　オリンパス
2011/6/4	被災地応援ツアー　個人宅にボランティア，体験談聞き物産も購入
2011/6/28	被災地にボランティア　週末ツアー発売
2011/8/2	夏の学生ボランティア　大学も参加後押し
2011/8/6	ボランティアの経済効果は？
2011/8/13	ボランティアバスツアー　東京・埼玉発着で
2011/8/14	来て見て実感本当の被災地　復興を考えるバスツアー
2011/8/17	夏休み学生ボランティア続々　受入れ態勢整う
2011/8/23	125社，被災地応援ツアー　JTB・近ツリなど
2011/8/26	広がるボランティア　支援経験職場で生かす
2011/8/30	日本旅行　被災地支援と観光ツアー　中高生と保護者
2011/9/16	東北のカキ養殖　再生支援ツアー
2011/10/12	復興応援ツアー続々

出典：「日本経済新聞」見出しより（著者作成）。

災が発生した2011年が元年とされている。図表12－3は，2011年の日経新聞に掲載されたボランティアツアー関連記事である。

ボランティアツアーは，これまでボランティアに参加してこなかった層の参加を促すことができている。それによって，多くの人が復旧・復興に関与できるようになった。ボランティアツアーは，ボランティアに関する知識が形式知化され，未経験者が被災地に到着する前にボランティアの基礎知識をもつことができる。

被災の中心地から近い宿泊箇所は，災害直後は，警察や消防などの復旧関係者や報道関係者が宿泊しており，混雑している場合もある。むしろ，被災地から少し離れ，直接的な被害の少なかった宿泊施設が観光客減少の影響を受ける場合もある。そのため，ボランティアツアーの宿泊先は，被災地の中心から少し離れた地域に設定されることも多い。

(4) おわりに

国は，2003年に「観光立国宣言」を表明し，その後2007年には「(第一次)観光立国推進基本計画」を定め，観光を成長戦略の1つと位置付けている。その一方で，年々深刻化する災害によって，ホスピタリティ産業は大きな影響を受け続けている。ホスピタリティ産業の危機管理に対する検討は，持続可能な観光立国の実現のために，重要な課題として位置付けられる。今後も行政と民間の連携により，危機管理のさらなる高度化が求められる。

(浅倉 泉)

4 ホスピタリティとSDGs—成功事例からの考察

(1) ホテルの歴史

SHIROYAMA HOTEL kagoshima (以下,「城山ホテル鹿児島」という) は，鹿児島市内中心部にある小高い丘「城山」の頂に建つ客室数355室のシティホテルである。

ホテルの創業者保直次は1916年，鹿児島県大島郡徳之島町で生まれた。20代で上海に渡り，運送業の事業を発展させるが終戦後に引き揚げ，鹿児島市内

写真12－4 城山ホテル鹿児島全景

出典：著者撮影。

の繁華街「天文館」でアイスキャンディー・ストアを開業する。これが，城山ホテル鹿児島を運営する城山観光株式会社の創業ということになる。

1958年，事業が軌道に乗ると長年抱いていたホテル建設に着手した。「鹿児島はいずれ国際観光都市に発展する。そのためには迎賓館と呼べる一流のホテルが必要である」という信念のもと，構想から5年の時を経て1963年3月，標高108メートルの高台に，地上3階地下1階，客室数63室の城山観光ホテルが完成した。

それから8年が経った1971年には新館の建設を計画する。ところが，城山という場所は貴重な自然林が残る国指定の天然記念物であり，西郷隆盛が西南戦争最期の地に選ぶなど，鹿児島市民・県民にとって神聖な場所でもあることから，新館の建設計画には厳しい反対運動が起こった。そのような厳しい状況ではあったが，この時も保直次は信念を貫き，反対する住民一人一人を根気よく説得し，理解を求めたのである。

その努力が実り，1974年，地上7階，地下2階，客室502室を数える新本館が完成した。落成記念の式典で保直次は，「このホテルは，鹿児島市民，県民のみなさまのものであります。わたくしには神から預かったこの城山を，立派に活かし，守る使命があります。」と語っている。

ホテルの開業から約40年が経過した2006年。長い間重荷になっていた多額の負債と，その原因となっている不稼働資産処理の問題解決に向けて，地域の皆様方からの幅広いご協力も踏まえた再生計画が着手された。従業員一同の頑張りもあり，予定の3年間より1年早く目標を達成するに至っている。

2008年4月には，それまでもっていた遊技部門を分離し，ホテル部門に特化した新生・城山観光として再スタートを切っている。

2018年，城山観光株式会社が創業70周年を迎えた年に，ホテルの屋号が「SHIROYAMA HOTEL kagoshima」に変更された。薩摩の聖地である「城山」でホテルを生業としてふるさと「鹿児島」の発展に貢献する思いを込め，さらに表記をアルファベットにすることで，高まるインバウンド需要に対応し，鹿児島において世界に誇るホテルを目指すことを約束したのである。

また，この年から，向こう5ヵ年計画のリニューアル工事もスタートした。

コロナ禍を経て2022年4月に工事は完了し，新たに「城山の自然との調和をテーマとした空間」が実現した。

そして，2023年3月23日，城山ホテル鹿児島はホテル開業60周年を迎えた。60周年の記念テーマは，「サステナブル ～未来へつなぐ～」。おもてなしの心を受け継ぎすべてのステークホルダーの幸せを重ねていける場所として，100年先も輝きつづけるサステナブルなホテルであり続けるという思いを表したものである。

(2) 城山ホテル鹿児島におけるSDGsの取り組みの概略

① 前 提

創業70周年を迎えた2018年，これまでの70年を振り返るとともにこれから70年，100年続く企業を目指すためになにをすべきか考えたことが，組織において「持続可能性」という概念を醸成するきっかけとなった。城山ホテル鹿児島として企業活動を続けながら地元鹿児島の発展に貢献する。という創業以来の理念を，改めて全社的な使命として掲げていくことにしたのである。

② SDGs宣言とSDGs AWARD開催

2019年12月，城山ホテル鹿児島は国連が提唱する持続可能な開発目標に賛同し，全社的に取り組んでいくという趣旨のSDGs宣言を発した。

その翌月，日本全土に未曽有の混乱を巻き起こす新型コロナウィルスの国内初感染が確認され，以降3年余りの長い戦いとなったが，その間SDGsを「自分事」化するための社内啓蒙活動に力を入れ，「全員参加のSDGs」を目指しさまざまな取り組みを打っていった。

2020年4月，組織内に新設されたSDGs推進グループでは，従業員がSDGsとは何かを理解するための研修やカードゲームを繰り返し実施していたが，約800名の従業員をSDGsの自分事化に導くにはほど遠いと感じていた。そんな中，考え出したのが全従業員を対象とした社内コンテスト「SHIROYAMA SDGsアワード2021」の開催である。

以下，アワードの概要を説明する。

従業員同士でチームを編成しSDGsに関連するアイデアを創発，実施計画をもとに6月～翌年の2月までの約8カ月活動する。チームは人数制限をもたず部署を横断し自由に編成できるものとした。

審査項目は

・先見性

・独自性

・創造性

・持続可能性

・チームワーク

・SDGs目標達成度

・勉強会開催形式

の7項目である。「勉強会開催形式」を入れたのは，全社的な研修会よりもそれぞれのチームでメンバー全員の理解を深めるための勉強会を模索しながら実施したほうが，より効率がいいと考えたからである。

チームのリーダーやサブリーダーには，3～5年目の比較的若手のスタッフを選任した。それは，チームの自主性を重視し現場起点のアイデアを創発するための施策であったが，これが奏功しリーダーたちはフットワークと柔軟性でチームの活動を牽引した。

そして，全従業員への説明会を何度となく繰り返し，活動開始時には64の部署から最終的に23チームが編成された。

8カ月間に及ぶ活動期間を終え2022年2月に開催した最終審査会では，社外有識者による厳正な審査が行われた。

受賞チームの取り組みを紹介する。

まず，最優秀賞に選ばれたのは食品ロス削減に取り組んだホテルベーカリー・パティスリーのスタッフと製パン工場，パティシエメンバーで編成されたチームの活動であった。消費期限の近づいたパンを冷凍保存し，こども食堂に毎月2回寄付するというスキームを構築したことや，冷凍保存により30日間の長期保存が可能であることを検査機関によって立証したことなどが高く評価された。また特定のこども食堂でなく，県内のこども食堂をとりまとめて支援するネットワークに寄付することで，離島を含めた県内全域のこども食堂に届けることを可能にしたことも特筆される。

続いては，優秀賞を受賞したブライダルスタッフによるサステナブルウェディングの取組みである。このチームは，「結婚披露宴＋サステナブル」という新しい結婚式の在り方を提案した。「地元鹿児島」「自然環境」「使い続ける」という3つのテーマを設けて，それぞれにこだわりプランを作成し，サステナブルウェディングに賛同してくれた新郎新婦には披露宴にこのプランを取り入れてもらう，というものである。それぞれを詳述する。

「地元鹿児島にこだわるプラン」は，披露宴のメニューに地産地消を取り入れる，引き出物やプチギフトも鹿児島県産のものを採用するといったものである。

「自然環境にこだわるプラン」では，空調を使用しないガーデン人前式や再生紙を利用した招待状，席札，席図を提案する。

そして「使い続けるにこだわるプラン」は，引き出物バッグをエコバッグにする，会場装花にドライフラワーを使用する，カトラリーに繰り返し使用できるmy箸を取り入れるなど，である。

このチームでは，「行こうぜ，未来に！」というスローガンを掲げ，活動当初からプランナーたちが新郎新婦とともにアイデアを出し合いプランを作り上げたことが評価された。中でも，受付や会場内で使用した装飾品や余興アイテムなどを次の新郎新婦に寄付する「花嫁バトン」は，多くの賛同を得て，今でもアイテムが増え続けている。

そしてもう1つの優秀賞は，ホテルバーのスタッフによる活動である。

カクテルに使用した果実の皮をコンポスト化し，その堆肥でハーブを栽培し，収穫した自家製ハーブをカクテルやハーブティーなどに使用する循環システムの構築である。このチームが高く評価されたポイントは，あえて簡易的な手動式コンポストを購入し，堆肥の攪拌やハーブの水やり，収穫といった作業を全スタッフが交代で担当することで参加意識を醸成したことである。しかも，果実は規格外のものを仕入れ，水やりのジョウロは使用済みペットボトルをリサイクルする徹底ぶりである。

実際に提供したサステナブル・カクテルは反響が大きく，メディアにも取り上げられ，結果的にスタッフの働き甲斐にもつながった。

その他の活動では，社内イントラネットのつぶやき機能を活用し，従業員が日常の感謝や「いいね！」をつぶやくと，そのコメントが従業員食堂やバックヤードのエレベーターホールに設置されたモニターに吹き出しとなって反映される「#それ，伝えよう」という取り組みや，感染症対策で使用しているアクリル板の破損やひび割れて使用できなくなったものをSDGsバッジとしてリメイクするアイデアも生まれた。このバッジのリメイクはホテル開業60周年の記念バッジにも使用され，全従業員が装着して60周年を盛り上げることとなった。

このように，短い期間ではあったが各チームからさまざまな活動が生み出され，SHIROYAMA SDGs アワードは，なによりもこだわった全員参加と，SDGsの「自分事」化に非常に大きな成果を上げることができた。そして自ら考え実行することが従業員の自主性を伸ばすことにもつながったように思う。

③　ホテルが抱える社会課題への対応

ホテルは，常に快適な空調で華やかな装飾を施し，シャンデリアや間接照明などでラグジュアリーや非日常を演出しているが，一方でたくさんの無駄があり，それらはさまざまな社会課題と密接に関わっている。そのため，城山ホテル鹿児島では企業活動を行うにあたり全うすべき社会的責任を環境・社会・人権の３本柱とし，それぞれのもつ社会課題を解決するための活動に取り組んでいる。

・環境への取り組み

地球温暖化や海洋プラスチック問題，資源不足といった環境の社会課題に対する取り組みとしてまず挙がるのが，食品ロス削減だ。ホテルクラフトビール「城山ブルワリー」ではビール醸造残渣をアップサイクルし，麦芽かすを牛の飼料に混ぜて育てたホテルオリジナルの「城山牛」や，ビール酵母をウナギの飼料に混ぜて育てた，同じくホテルオリジナルの「麦鰻」を開発した。いずれもホテルレストランやオンラインストア，地域版ふるさと納税の商品として提供している。

また，3010運動（会食や宴会の際に，最初の30分と最後の10分は自分の席で食事をし，食べ残しを減らす運動）の推奨や，生ごみを微生物の力で水と無機物に分解する生ごみ削減機の導入も進めている。2023年11月には飲食店での食べ残しの持ち帰りを環境省や厚生労働省が推奨する「mottECO」に賛同し，宴会場で試験的導入を始めた。

2020年からはホテル敷地内で養蜂活動を開始し，環境指標生物といわれるミツバチが豊かに飛び回る森の形成を目指し，はちみつ関連商品の提供だけでなく，土壌の改良や植樹，また養蜂活動を通じて親子で学べる食育の機会を提供し，生物多様性の理解につなげている。

・社会への取り組み

過疎化や都市部人口集中，経済の縮小という課題にも対応すべく，地産地消を推進するために，県内各地の食材や特産品を使用したレストランフェアも実施している。これは，メニュー開発の際，料理長が自ら現地に足を運び，生産者と交流することで安心安全な食材の提供にもつながっている。また，地域の魅力をふんだんにPRし，交流人口の拡大を目的とした自治体との共同イベントも開催している。着地型観光の促進では，コンシェルジュが現地に赴きプロデュースした地元スタッフならではの観光コースを，ホテルホームページで紹介している。

地域の活性化と地域資源の活用を目的とした自治体との連携協定を締結，特産品を活用した商品開発に着手し，現地開催のイベントにて料理メニューや運営のサポートを行う。

前述したこども食堂への支援は，アワードで始まったパンの寄付から，映画鑑賞券や使い捨てカイロ，ミネラルウォーターの寄付，ホテルでのこども食堂開催など支援の幅を広げており，アンバサダーとして鹿児島におけるこども食堂の普及・啓発活動にも参加している。

写真12－5　レストランフェアの一例

【鹿児島の恵み食探訪】南大隅フェア　　開催期間　2024年2月1日～2月29日

プレミアムな料理で南大隅を体感！

北緯31度線の町、南大隅には迫力のある大自然が広がっています。
海と山に囲まれ農業も盛ん。
大地と海の恵みがギュッと詰まった料理を堪能して！

期間：2024年2月1日(木)～2月29日(木)

出典：城山ホテル鹿児島HP
（https://www.shiroyama-g.co.jp/restaurant/free/2012/）より。

・人権への取り組み

少子化や人口減少，低い労働生産性に対する取り組みとして，仕事と育児を両立する女性スタッフを対象とした座談会の実施や，男性社員の育児休業取得の推進（2023年度平均取得日数25日），女性管理職比率（課長職以上）の目標設定（2027年3月31日時点で15%以上 ← 2023年3月31日時点10.3%）などにも積極的に取り組んでいる。

ダイバーシティ・インクルージョンでは，多様性理解のための対話型研修の開催や，外国人スタッフの積極的な採用と就労サポートをしている。他にも，テレワークの採用や時短勤務制度の導入などの働き方改革や，スタッフの働きがい醸成を目的とした社内コンテストも実施している。

④　現時点での成果と今後の課題

2021年，コロナ禍において選ばれるホテルであるための基準として，安心安全で環境配慮型のホテルであることを証明するエコマーク旅館・ホテル認証を取得し，同じ年に「エコマークアワード2021」の優秀賞を受賞した。また，2022年～2024年は，3年連続して日本ホテル協会における社会的貢献に対する会長表彰で優秀賞を受賞している。

全員参加にこだわり自走する組織を目指した城山ホテル鹿児島における，ホテルのSDGs活動が対外的に評価されたということである。

SDGs宣言当時，社内啓蒙における高いハードルであった数々の問題点は，見事に解消され，今では業務の中で自然とSDGsを取り入れられないか考えることができるようになっている。ちなみに，その問題点の主たるものは，以下のとおりである。

・17のゴールが世界規模過ぎて自分事化できない。
・一部のスタッフだけが取り組んでいる状況。
・幹部社員もなにから手を付けたらいいのかわからない。
・業務負担を増やしたくない。

創業者の「このホテルは鹿児島市民，県民のみなさまのもの」という思いは，いつしかホテルで働く従業員のアイデンティティとなっている。持続可能な地域社会と企業活動の両立を実現する未来を目指し，城山ホテル鹿児島は地域とともに歩んでいきたい。

（安川 あかね）

主要参考・引用文献

②節
井上博文（1985），『ホテル情報システム』明現社.

③節
第二次沖縄県観光危機管理計画
（https://www.pref.okinawa.lg.jp/_res/projects/default_project/_page_/001/011/753/zentai-kankoukikikanri.pdf，アクセス日：2024年2月25日）

注）本章第2節は，国際観光施設協会（2024）『観光施設－紅葉』No.345.に所収の原稿に加筆修正したものである。

おわりに

コロナ禍を経て，ホスピタリティ産業も活気を取り戻しつつある。ここ数年の暗黒時代がまるで嘘であるかのように，都心部には海外からの観光客があふれ，各地の温泉地は予約が取りにくい状況が続いている。

ところが，これでなにもかもうまくいっているかというと，必ずしもそんなことはない。一気に顕在化した人手不足にあえぎ，燃料費の高騰に悲鳴を上げている施設も多い。学術の世界からも，学生たちの教育に努めることで，少しでも報いたいと考えているが，一方で研究面においてもさらなる貢献を目指したのが本書である。

世にマーケティングの書は数あれど，ホスピタリティというキーワードで書かれたものは，わが国にはほとんどみられない。いまだに日本では重厚長大型の事業が主流とされ，メーカーが主軸のマーケティングが基本となっている。しかし，「観光立国」を目指す以上は，その中心的存在であるホスピタリティ産業の特性を踏まえた検討も重要なはずであり，こうした本が必要ではないかと常々考えていた次第である。

1990年代頃までのわが国は，ホスピタリティ産業において世界を牽引する役割を果たしていた。現在はメガ・チェーンの一角を占めるインターコンチネンタルやウェスティンが日本企業の傘下にあった頃のことである。同時に，米国外では初となるディズニーランドも開業し，名実ともにホスピタリティ産業をリードしていたといえるだろう。ところが，その後は一部を除いてどんどん衰退の一歩をたどってしまっているのは残念でならない。国内資本のホテルは海外へのチェーン展開があまりできておらず，逆に国内に新規開業しているのは，いわゆる「外資系」のホテルばかりである。

その点からも，本書がわが国ホスピタリティ産業に対して，明るい将来を示す羅針盤となってくれることを願っている。

なお，本書は，創成社の西田徹氏のご尽力と忍耐なくしてはこの世に出ることはなかったであろう。創成社と西田氏には，これまでもわれわれが執筆した数々の本を刊行いただき，東洋大学国際観光学部におけるホスピタリティ関連講義の体系化に，大いにご貢献いただいた。他大学でも，ここまでしっかりと講義と連動したテキスト群を揃えているところはあまりないのではないだろうか。

『ホスピタリティ・マネジメント』（※）から『ホスピタリティ産業論』の流れで全体像をつかんだうえで，『宿泊産業論―ホテルと旅館の事業展開』，『ブライダル・ホスピタリティ・マネジメント』，『セレモニー・イベント学へのご招待』（※）で産業に関して深く学び，本書と『ホテル経営概論』（※），『メニュー開発論』で経営全般とマーケティングを，さらには『ホスピタリティ・デザイン論』と『アマンリゾーツとバンヤンツリーのホスピタリティ・イノベーション』でアドバンスの学びも可能となった（※は他社刊）。

その点からも，創成社と西田氏がホスピタリティ産業に果たした役割は大きなものがあると考える。これまで刊行していただいた数々の本へのご貢献も含め，この場を借りて深くお礼申し上げ，結びの言葉としたい。

2024年3月

著者一同

索　引

サ

タ

《編著者紹介》（五十音順）

■佐々木 茂（ささき・しげる）

明治大学商学部卒業，同大学院商学研究科博士後期課程単位取得満期退学。商学博士。高崎経済大学教授を経て，2017 年に東洋大学に着任。

現在，東洋大学国際観光学部教授。大分県豊の国商人塾・塾頭，NPO 法人流通農業大学・学長などを務める。

専門は，マーケティング，流通システム論，地域発国際戦略。

単共著書は，『流通システム論の新視点』（ぎょうせい），『地域イノベーションによる地域活性化』（日本経済評論社），『環境政策の新展開』（勁草書房），『地域マーケティングの核心』『産業復興の経営学』『入門マーケティングの核心』（同友館），『おもてなしを考える』（創文企画），『ホスピタリティ産業論』（創成社）など。

■徳江 順一郎（とくえ・じゅんいちろう）

上智大学経済学部経営学科卒業，早稲田大学大学院商学研究科修了。大学院在学中に起業し，飲食店経営やブランディング・ビジネスを手がけつつ，長野経済短期大学，高崎経済大学，産業能率大学，桜美林大学などの非常勤講師を経て 2011 年に東洋大学に着任。

専門はホスピタリティ・マネジメント論，サービス・マーケティング論。

現在，東洋大学国際観光学部准教授。(一社)宿泊施設関連協会，城山観光(株)(SHIROYAMA HOTEL kagoshima)，(株)マルエイホテルズなどの顧問，日本能率協会による「国際ホテルレストランショー」のファシリテーターなどを務める。

編著書は，『アマンリゾーツとバンヤンツリーのホスピタリティ・イノベーション』『ホスピタリティ・デザイン論』『ブライダル・ホスピタリティ・マネジメント』『宿泊産業論』『ホスピタリティ産業論』（創成社），『ホテル経営概論』『ホスピタリティ・マネジメント』（同文舘出版），『セレモニー・イベント学へのご招待』（晃洋書房），『サービス&ホスピタリティ・マネジメント』『ソーシャル・ホスピタリティ』『数字でとらえるホスピタリティ』（産業能率大学出版部）など。

■羽田 利久（はだ・としひさ）

帝京大学法学部法律学科卒業，東洋大学大学院国際観光学研究科修了。博士（国際観光学）

1995 年に株式会社読売旅行入社。金沢営業所，東京営業所，事業開発部，広報・市場調査部，経営戦略室，web マーケティング部などに勤務。2021 年より愛国学園大学に着任。

現在，愛国学園大学人間文化学部教授。日本地域政策学会理事，(一社)旅行産業経営塾運営委員，奥利根ブランド商品認定審査員などを務める。

専門は観光行動論，観光マーケティング論。

主な論文は「インストア・マーチャンダイジングの着地型観光への応用について」余暇ツーリズム学会，「流通費用の分析理論から考察する旅行会社のリアル店舗の存在価値について」日本ホスピタリティ・マネジメント学会など。

《著者紹介》（五十音順）

■青山 容子（あおやま・ようこ）

東洋大学大学院国際観光学研究科博士前期課程修了。AWL 代表として活動しており，セミナー主催や飲食店の経営，ワインメニュー企画，ワインエクスペリエンス・コンサルタントとしての業務を行う。研究テーマはワイン産業と観光の相互関係，ワイン・ツーリズムの発展と影響。シニアソムリエ（日本ソムリエ協会），ドイツワイン上級ケナー（日本ドイツワイン協会連合会）。

■浅倉 泉（あさくら・いずみ）

早稲田大学商学部卒業，(株)日本交通公社（現・JTB）に入社し，法人営業および事業開発，事業企画等を担当。一橋大学大学院商学研究科経営学博士前期課程修了，横浜市立大学大学院データサイエンス研究科博士前期課程修了。

共著論文は，「“被災地旅行”の可能性」『運輸と経済（2012 年 1 月号)』((一財)交通経済研究所)。

■岩崎 比奈子（いわさき・ひなこ）

東京女子大学文理学部社会学科卒業，東洋大学大学院国際観光学研究科 国際観光学専攻博士前期課程修了。

1994 年（公財）日本交通公社入社。2020 年 4 月より武蔵野大学グローバル学部日本語コミュニケーション学科にて観光学を教える。観光庁「専門課程 観光行政初任者研修」講師など務める（2022 年度～）。

専門領域は，観光戦略・計画の策定，観光地域・産業の人材育成。共著書に，『観光地経営の視点と実践』（丸善出版，2019 年)，『観光まちづくり：まち自慢からはじまる地域マネジメント』（学芸出版社，2009 年）がある。

■小倉 朋子（おぐら・ともこ）

青山学院大学文学部教育学科卒業，東洋大学大学院国際観光学研究科国際観光学専攻博士前期課程修了。(株)トータルフード代表取締役。

大学卒業後，トヨタ自動車(株）広報部に勤務後，国際会議運営ディレクター，海外留学を経て，食の総合コンサルタントとして独立。メニュー開発，トレンド分析，食文化，栄養学，食事作法など広く提案している。

東洋大学，亜細亜大学，東京成徳大学非常勤講師。食輝塾主宰。日本箸文化協会代表。著書は『メニュー開発論』（創成社)，『世界一美しい食べ方のマナー』（高橋書店)，『愛される一人店のつくり方』（草思社）など共著含め多数。

■河田 浩昭（かわだ・ひろあき）

慶應義塾大学商学部卒業，東京都立大学大学院都市環境科学研究科観光科学域博士後期課程修了。博士（観光科学)。

三井情報開発(株）総合研究所にて研究員として勤務後，(株)オリエンタルランドの経営戦略部門にて，ディズニーテーマパーク・ホテル等に関するマーケティングリサーチ，データサイエンス，マーケティングおよび経営戦略策定支援等を担当。
2022年より国士舘大学21世紀アジア学部専任講師。
専門は，観光マーケティング，観光者行動，マーケティングリサーチ。
著書に『経営のルネサンス』（共著・文眞堂），主な論文に「テーマパークの認知的・感情的イメージの来訪者ロイヤルティ形成に及ぼす影響に関する考察」（日本国際観光学会論文集），「観光における顧客経験管理に関する一考察」（余暇ツーリズム学会誌）など。

■木本 和男（きもと・かずお）
東洋大学大学院国際観光学研究科国際観光学専攻博士前期課程修了。
大学卒業後，（株）農協観光に入社，旅行企画，営業，総務，人事などに従事。また，（一社）全国農協観光協会事業部長時代には，地域活性化や農泊・都市農村交流・観光人材育成などの業務にも従事。
現在は（株）農協観光の監査室長，および駿河台大学経済経営学部の非常勤講師として観光ビジネスの講義を担当。JATA登録講師，総合旅行業務取扱管理者，健康生きがいづくりアドバイザー，地元さいたま市の文化財保存活用地域計画策定委員。

■崎本 武志（さきもと・たけし）
1967年和歌山県出身（出生地は大阪府内）。1990年法政大学法学部政治学科卒，同年（株）日本交通公社（現・JTB）入社。2007年東洋大学大学院国際地域学研究科修士課程修了，2019年大阪府立大学大学院経済学研究科博士課程修了。
2007年よりLEC東京リーガルマインド大学総合キャリア学部，2012年より大阪観光大学観光学部，2015年より江戸川大学社会学部現代社会学科准教授に就任，2019年より教授。
著書は『現代の観光事業』（共著・ミネルヴァ書房），『観光交通ビジネス』（共著・成山堂書店），『気づきの現代社会学Ⅲ フィールドワークが世界を変える』（共著・梓出版社）など。

■杉浦 康広（すぎうら・やすひろ）
東洋大学大学院国際観光学研究科国際観光学専攻博士前期課程修了。大学卒業後，（株）京王プラザホテル入社。ベルボーイ，宴会バー，宴会サービス，宴会予約，ブライダルにて勤務。2003年より京王プラザホテル八王子のブライダルマネージャー，2009年京王プラザホテル新宿ウエディングチーフ，2013年同副支配人，2018年京王プラザホテル多摩料飲宴会副支配人。ウエディングプランナー，宴会予約コーディネーターとして20年以上の勤務経験を持つ。
現在，目白大学短期大学部ビジネス社会学科専任講師。東洋大学国際観光学部非常勤講師

■**田上 衛**（たがみ・まもる）

産業能率大学情報マネジメント学部現代マネジメント学科卒業，産業能率大学大学院総合マネジメント研究科修士課程修了。専門はマーケティング論，コンテンツ・ビジネス論（アイドル）。

現在，公務員をしつつ，東洋大学現代社会総合研究所客員研究員。

著書は，『おもてなしを考える―余暇学と観光学による多面的検討―』（余暇ツーリズム学会編，創文企画），『宿泊産業論―ホテルと旅館の事業展開―』（徳江順一郎編著，創成社）など。

■**安川 あかね**（やすかわ・あかね）

神奈川県横須賀市出身。2002 年鹿児島に移住し 2003 年城山観光（株）入社。和食レストラン「水簾」副店長や企画，マーケティング部，経営戦略部を経て現在は SDGs 推進室室長兼人材開発部部長。

2010 年ソムリエ呼称資格認定試験合格。J.S.A ソムリエとして城山ホテル鹿児島主催ワインアカデミーの講師やワインイベントを担当。また同年鹿児島検定グランドマスター合格。

企業，学校関係，自治体などの依頼で SDGs やおもてなし，人材育成に関する講演，研修会などを行っている。

■**山浦 ひなの**（やまうら・ひなの）

東洋大学国際観光学部国際観光学科卒業，同大学院国際観光学研究科博士前期課程修了，同大学院国際観光学研究科博士後期課程在籍。

著作は，「顧客満足研究の系譜―年代別，企業との関係性の観点から―」（日本国際観光学会）など。

（検印省略）

2024年5月20日　初版発行　　略称―ホスピタリティ

ホスピタリティ・マーケティング

編著者　佐々木茂
　　　　徳江順一郎
　　　　羽田利久

発行者　塚田尚寛

発行所　東京都文京区春日2－13－1　株式会社 創成社

電　話 03（3868）3867　FAX 03（5802）6802
出版部 03（3868）3857　FAX 03（5802）6801
http://www.books-sosei.com　振　替 00150-9-191261

定価はカバーに表示してあります。

ISBN978-4-7944-2630-7　C3034
Printed in Japan

組版：ワードトップ　印刷：エーヴィスシステムズ
製本：エーヴィスシステムズ
落丁・乱丁本はお取り替えいたします。